VOTRE TYPE, VOTRE POUVOIR

VOTRE TYPE, VOTRE POUVOIR

Un guide MBTI pour explorer votre type, mieux vous connaître, développer votre intelligence émotionnelle, améliorer vos relations et choisir une carrière alignée.

Par: Gislhaine Chery

AVERTISSEMENT:

- Cette publication présente les 16 types de personnalité selon le modèle de l'indicateur typologique de Myers-Briggs (MBTI). Son objectif est d'accompagner les lecteurs dans leur développement personnel, d'améliorer la communication interpersonnelle et d'offrir des clés de compréhension sur les dynamiques de personnalité.
- Les informations fournies sont destinées à un usage informatif général et ne constituent en aucun cas un avis psychologique, médical ou professionnel. Les lecteurs sont invités à consulter des professionnels qualifiés si nécessaire. L'auteur décline toute responsabilité quant aux décisions prises sur la base de ce contenu.

- **ISBN: 978-8-1882-3393-9**

DEDICACE

À ma chère sœur Carmel,
pour ses prières ferventes, son soutien constant, son amour sans limites et sa profonde compréhension durant les moments les plus sombres et les plus éprouvants de ma vie.

Avec tout mon amour et ma profonde gratitude,

Gislhaine

INTRODUCTION

Et si la clé pour te comprendre — et comprendre les autres — était déjà en toi ?

Sous la surface de tes choix quotidiens, de tes réactions, de tes relations, et même de tes pensées les plus silencieuses, il existe un motif.
Un rythme discret, mais constant.
Celui de ta manière unique de te mouvoir dans le monde.

Ce livre est une invitation à explorer ce rythme intérieur à travers le prisme des **16 profils de personnalité MBTI** — un voyage profond vers la connaissance de soi, guidé par des cadres de compréhension à la fois clairs et bienveillants.

Que tu sois un introverti en quête de clarté, un extraverti en recherche de connexion authentique, ou simplement une âme curieuse du mystère humain, ce guide t'offre un espace pour comprendre les types MBTI et ce qu'ils révèlent de ton monde intérieur.

Tu y découvriras comment, souvent sans t'en rendre compte, tes préférences façonnent ta manière de percevoir, de décider, de ressentir, et d'entrer en relation.

Ce n'est pas un livre de stratégies.
Ce n'est pas une méthode pour te corriger.
Ce n'est pas une recette pour devenir quelqu'un d'autre.

C'est une main tendue.
Un miroir posé avec douceur.
Un langage offert à ce que tu ressens depuis toujours — sans peut-être jamais l'avoir nommé.

C'est un espace de réflexion, pas de perfection.
Un lieu pour honorer ton câblage naturel, et apprendre à avancer dans la vie avec plus de conscience, de compassion, et de grâce.

Ce n’est pas un test.
C’est un miroir.
Et ce que tu y verras pourrait bien transformer ta manière de diriger, d’aimer, d’éduquer, d’enseigner… et de grandir.

Car lorsque tu te comprends toi-même,
tu commences à comprendre tout le reste
avec un peu plus de clarté.

QU'EST-CE QUE LE MBTI ?

Le MBTI (Myers-Briggs Type Indicator) est un modèle de personnalité conçu pour aider chacun à mieux comprendre sa manière de percevoir le monde et de prendre des décisions.
Il s'appuie sur les théories psychologiques de **Carl Gustav Jung** et a été développé au XX□ siècle par **Katharine Cook Briggs** et sa fille **Isabel Briggs Myers.**

Au cœur du MBTI se trouvent quatre paires de préférences opposées, qui forment la base des 16 types de personnalité :

- **Introversion (I) vs Extraversion (E)** : Où vous puisez votre énergie — **en vous-même** ou **dans le monde extérieur**
- **Sensation (S) vs Intuition (N)** : Comment vous recueillez l'information — à travers les faits concrets **ou** par les schémas et les impressions globales
- **Pensée (T) vs Sentiment (F)** : Comment vous prenez vos décisions — par la logique objective **ou** selon vos valeurs personnelles
- **Jugement (J) vs Perception (P)** : Comment vous abordez la vie — de manière organisée et planifiée **ou** de façon souple et adaptable

En identifiant l'orientation dominante dans chaque paire, vous obtenez un **type de personnalité à quatre lettres** (comme **INFP** ou **ESTJ**). Ces combinaisons forment **16 types de personnalité uniques**, chacun avec ses forces, ses défis et sa manière d'interagir avec le monde.

Le MBTI est largement utilisé pour favoriser la **connaissance de soi**, améliorer les **relations interpersonnelles**, guider les **choix de carrière**, et renforcer la **cohésion d'équipe**.

Ce n'est pas un outil pour étiqueter les gens,
mais une grille de lecture pour mieux se comprendre —
et mieux comprendre les autres.

Pour mieux se repérer dans cet univers,
il est essentiel de découvrir deux clés fondamentales :
les quatre grands regroupements appelés tempéraments,
et **les fonctions cognitives** qui structurent chaque type.

LES QUATRE TEMPERAMENTS

Avant d'explorer les 16 types de personnalité MBTI, il est utile de comprendre les quatre grands regroupements appelés tempéraments.

Ces tempéraments mettent en lumière des motivations communes, des styles de communication similaires et des façons partagées d'interagir avec le monde.

Chacun regroupe quatre types MBTI qui partagent un noyau commun.

• **Les Analystes** *(types NT : INTJ, INTP, ENTJ, ENTP)*

Penseurs stratégiques, logiques et indépendants. Les Analystes sont animés par la curiosité, l'innovation et le désir de comprendre des systèmes complexes. Ils valorisent la compétence et remettent souvent en question le statu quo.

• **Les Diplomates** *(types NF : INFJ, INFP, ENFJ, ENFP)*

Empathiques, idéalistes et guidés par leurs valeurs. Les Diplomates recherchent le sens, la connexion et l'authenticité. Ce sont des communicateurs naturels, profondément investis dans la croissance personnelle et le bien-être des autres.

• **Les Sentinelles** *(types SJ : ISTJ, ISFJ, ESTJ, ESFJ)*

Fiables, pratiques et ancrées dans la réalité. Les Sentinelles valorisent la tradition, la responsabilité et la structure. Elles s'épanouissent dans des environnements organisés et sont souvent les piliers silencieux qui assurent la stabilité des systèmes.

• **Les Explorateurs** *(types SP : ISTP, ISFP, ESTP, ESFP)*

Spontanés, adaptables et orientés vers l'action. Les Explorateurs vivent dans l'instant présent et aiment les expériences concrètes. Ils sont souvent énergiques, ingénieux et réactifs face au changement.

Les tempéraments sont comme des mélodies : distinctes, familières, chacune avec son propre rythme.
Mais derrière chaque note, il y a une structure harmonique —

des forces subtiles qui donnent sens à l'ensemble.
Ces forces, ce sont **les huit fonctions cognitives.**
Elles ne s'entendent pas toujours, mais elles tiennent toute la partition.

LES FONCTIONS COGNITIVES.

Derrière chaque type MBTI se cache une structure cognitive subtile : une combinaison unique de quatre fonctions sélectionnées parmi huit, qui interagissent pour façonner ta manière de penser, de ressentir et de te relier au monde.

Les huit fonctions cognitives

Perception :
• **Si** (Sensation introvertie) – focalisation sur les détails internes et les souvenirs précis.
• **Se** (Sensation extravertie) – attention portée au présent et à l'environnement immédiat.
• **Ni** (Intuition introvertie) – exploration des modèles profonds et des visions personnelles.
• **Ne** (Intuition extravertie) – imagination expansive et curiosité pour les possibilités extérieures.

Jugement :
• **Ti** (Pensée introvertie) – raisonnement personnel logique et recherche de cohérence interne.
• **Te** (Pensée extravertie) – efficacité pratique, structuration et résultats concrets.
• **Fi** (Sentiment introverti) – valeurs personnelles, authenticité émotionnelle et intégrité.
• **Fe** (Sentiment extraverti) – empathie, harmonie relationnelle et sensibilité aux émotions des autres.

Ces fonctions ne s'activent pas au hasard. Elles se déploient selon une hiérarchie propre à chaque type — une sorte de rythme mental qui guide ton quotidien, souvent sans que tu en aies pleinement conscience.

La hiérarchie des fonctions cognitives

- **Fonction dominante**
  Ta force principale. Elle colore ta personnalité et s'exprime de façon naturelle, instinctive, parfois même inconsciente.

- **Fonction auxiliaire**
  Elle soutient la dominante en apportant équilibre entre ton monde intérieur et extérieur, notamment dans tes relations sociales.
- **Fonction tertiaire**
  Moins développée, elle émerge souvent dans des contextes ludiques ou créatifs, et gagne en maturité avec l'âge et l'expérience.
- **Fonction inférieure**
  C'est ta zone la plus vulnérable. Elle peut engendrer stress et inconfort, mais ouvre aussi une voie précieuse vers la croissance personnelle.

Comprendre ta " Structure mentale" — c'est aller bien au-delà des quatre lettres de ton type. C'est explorer le fonctionnement profond de ton esprit, dans ses élans les plus lumineux et ses zones les plus obscures.

COMMENT UTILIZER CE LIVRE ?

Il n'y a pas une seule bonne façon de lire ce livre. Laisse ta curiosité te guider.

- **Lis par type ou dans l'ordre**
  Commence par le type de personnalité qui te semble le plus familier — ou lis simplement du début à la fin.
- **Utilise-le comme un miroir, pas comme un manuel**
  Ce livre n'est pas là pour te coller une étiquette. Il est là pour t'aider à te voir plus clairement.
- **Réfléchis, ne suis pas des règles**
  Il n'y a pas de réponses toutes faites. Prends ce qui résonne en toi, laisse le reste. Cet espace est dédié à la réflexion, pas à la prescription.

Ce que tu trouveras dans chaque chapitre:

- Un aperçu poétique de l'énergie et de la vision du monde du type
- Les traits de personnalité clés qui expliquent comment il interagit avec les autres, l'information et les décisions
- Les fonctions cognitives qui alimentent sa pensée et son comportement
- Ses forces naturelles, là où il excelle spontanément
- Les défis fréquents qu'il peut rencontrer en période de stress ou de déséquilibre
- Des conseils pour grandir, gagner en maturité et en conscience de soi
- Des pistes relationnelles : avec qui il se connecte facilement, et pourquoi
- Les environnements professionnels dans lesquels il s'épanouit
- Une réflexion finale pour honorer sa place unique dans la mosaïque humaine

Souhaites-tu que je t'aide à formater cette section comme une **page d'introduction de chapitre** ou une **note au lecteur** dans ton livre ?

POURQUOI CE LIVRE EST IMPORTANT, ET À QUI S'ADRESSE-T-IL ?

Ce livre est né du besoin de mettre des mots sur ce qui est souvent ressenti, mais rarement exprimé.
Il propose une lentille subtile à travers laquelle regarder sa propre complexité — un miroir doux, jamais rigide, pour explorer ce qui fait vibrer l'intérieur.

Dans un monde où les étiquettes abondent, ce livre ne te classe pas : il t'accompagne. Il trace une carte — une architecture mentale fondée sur les fonctions du MBTI — pour naviguer entre tes forces, tes fragilités, et ta croissance.

C'est une œuvre pour celles et ceux qui veulent comprendre sans juger, relier sans confondre, aimer sans perdre leur centre.

Il s'adresse à une diversité d'âmes engagées dans leur propre cheminement :

- **Les leaders, les coachs et les enseignants** — qui veulent guider avec lucidité
- **Les partenaires, parents et thérapeutes** — qui aiment avec intention
- **Les jeunes en quête d'identité** — adolescents ou professionnels en reconversion
- **Les créateurs, chercheurs, méditants** — qui explorent les profondeurs du "moi"
- **Les curieux sensibles** — qui refusent de se définir par des cases

Ce livre est important parce qu'il t'aide à **te reconnaître au-delà des mots,**
à **tisser un lien intime entre ton esprit et ton ressenti,**
et à **donner sens à ce que tu es en train de devenir.**

Part I: Les Analystes – Penseurs Stratégiques (NT)

Chapitre 1

INTJ – L'Architecte / Le Stratège

Code MBTI : Introverti, Intuitif, Pensée, Jugement
Stratégique. Visionnaire. Réservé.
Un bâtisseur de systèmes qui voit l'avenir avec clarté et agit avec intention.

L'esprit qui planifie en silence

Les INTJ ne parlent pas pour exister — ils parlent pour construire.
Leur esprit est un édifice intérieur, organisé autour de principes, de logiques, et de projections.
Derrière leur calme apparent se cache un monde structuré, en constante évolution — une vision en gestation.

Ils ne se laissent pas distraire par le présent.
Ils habitent l'avenir, analysent les chemins possibles, sculptent les plans avant même que les autres aient identifié le problème.

Ils ne cherchent pas la reconnaissance.
Ils cherchent **la cohérence**.
Et quand leur vision rencontre l'occasion, ils peuvent transformer une idée abstraite en système durable — sans bruit, sans drame.

Traits de personnalité clés

- **Introverti (I)** : Se ressource dans la solitude, où la clarté émerge du silence
- **Intuitif (N)** : Perçoit les structures invisibles, les implications futures, les vérités cachées
- **Pensée (T)** : Décide avec logique, impartialité et précision

- **Jugement (J)** : Planifie, structure, anticipe — avec rigueur et intention

Fonctions cognitives: la matrice mentale

- **Intuition introvertie (Ni)** — Dominante
  Capacité rare à synthétiser des données complexes en une vision claire. Ni est la lumière intérieure de l'INTJ — elle voit ce que les autres n'osent conceptualiser.
- **Pensée extravertie (Te)** — Auxiliaire
  Transforme les intuitions en systèmes concrets. Elle organise, gère, et met en œuvre avec une efficacité sereine et décisive.
- **Sentiment introverti (Fi)** — Tertiaire
  Voix morale discrète, elle guide les INTJ dans l'alignement entre vision et intégrité. Peu exprimée extérieurement, mais fondatrice dans leurs décisions silencieuses.
- **Sensation extravertie (Se)** — Inférieure
  Relie les INTJ à l'instant présent. Souvent négligée, elle est essentielle à l'équilibre — pour savourer, ressentir, et s'ancrer.

Te et Ni forment leur architecture mentale.
Mais c'est l'intégration de Fi et Se qui transforme leur stratégie en sagesse vécue.

Forces naturelles

- **Vision stratégique** : Ils voient loin, pensent large, et agissent avec précision
- **Structure mentale** : Ils transforment la complexité en systèmes fluides
- **Pensée indépendante** : Ils suivent leur raisonnement, pas les normes sociales
- **Concentration extrême** : Ils éliminent le superflu pour se consacrer à l'essentiel

- **Discipline intérieure** : Leur rigueur intellectuelle les rend maîtres du long terme

Défis fréquents

- **Isolement émotionnel** : Leur calme peut être interprété comme de la froideur
- **Perfectionnisme rigide** : Si un projet ne répond pas à leurs standards, ils peuvent l'abandonner
- **Intolérance à l'inefficacité** : Le chaos organisationnel les épuise mentalement
- **Sur-rationalisation** : Leur logique peut les couper de nuances humaines
- **Difficultés relationnelles** : Ils ressentent intensément — mais exprimer cet attachement leur demande effort et confiance

Croissance et équilibre

- **Développer Fi** : Reconnaître leurs valeurs intérieures pour diriger avec plus d'humanité
- **Pratiquer Se** : Se connecter au corps, au moment, à la présence réelle
- **Ouvrir la vulnérabilité** : Permettre à ceux qu'ils aiment de voir au-delà de l'armure
- **Assouplir le standard** : Comprendre que "assez bien" peut être un tremplin vers mieux

Relations et compatibilités

Les INTJ ne cherchent pas la fréquence — ils cherchent l'alignement. Ils s'épanouissent avec des partenaires qui respectent leur autonomie et comprennent la profondeur derrière leur silence.

Affinités fréquentes :

- **ENFP** : chaleur, spontanéité et inspiration affective
- **INFJ** : profondeur intuitive et stabilité intérieure

- **ISTP** : ancrage pratique et simplicité relationnelle

Ils aiment en stratégie.
Ils s'attachent par loyauté.
Et quand ils font confiance, ils s'ouvrent avec intensité — discrète, mais durable.

Environnements professionnels idéaux

Les INTJ ne brillent pas par agitation — ils brillent par conception.
Donne-leur une mission complexe, un système à optimiser, et la liberté d'agir — et ils te livreront un chef-d'œuvre de logique.

Domaines fréquents:

- Ingénierie, architecture de systèmes
- Recherche scientifique ou analytique
- Gestion stratégique, politique ou planification
- Droit, design structurel ou entrepreneuriat
- Développement logiciel ou innovation technologique

Ce qu'ils demandent : autonomie, défi intellectuel, et impact réel — sans micro-gestion ni perte de temps.

Réflexion finale

Les INTJ ne parlent pas fort.
Mais ce qu'ils construisent résonne longtemps.

Leur esprit est un plan invisible.
Leur vision traverse les bruits du monde.
Et quand ils agissent, ce n'est jamais impulsif — c'est intentionnel, précis, et profondément transformateur.

Ils ne cherchent pas l'attention.
Ils cherchent la justesse.
Et quand celle-ci devient possible…
ils n'anticipent pas simplement l'avenir —
ils le dessinent.

Chapitre 2

INTP – Le Logicien

Code MBTI : Introverti, Intuitif, Pensée, Perception
Inventif. Analytique. Indépendant.
Un esprit câblé pour les schémas, les énigmes et les possibilités abstraites.

L'esprit qui questionne

Les INTP sont des explorateurs silencieux — ils ne cherchent pas à convaincre, ils cherchent à comprendre.
Ce sont des architectes mentaux, des penseurs libres qui dissèquent les idées, déconstruisent les systèmes, et connectent des concepts qui semblent, au premier abord, sans rapport.

Dans une conversation, ils écoutent en profondeur. Et quand ils parlent, ce n'est jamais pour remplir le silence — c'est pour déplacer un cadre, renverser une logique, ou ouvrir une perspective nouvelle.
On peut ne pas les remarquer, mais leur seule question peut réorienter tout un débat.

Les INTP ne vivent pas dans les certitudes — ils s'épanouissent dans le doute fertile.
Ce ne sont pas des accumulateurs de réponses rapides, mais des chercheurs infatigables de vérités complexes.

Traits de personnalité clés

- **Introverti (I)** : Se ressource dans la solitude, les idées, et les introspections prolongées

- **Intuitif (N)** : Oriente son attention vers les concepts abstraits, les connexions invisibles et les futurs possibles
- **Pensée (T)** : Analyse avec logique, cohérence interne et rigueur mentale
- **Perception (P)** : Préfère la souplesse, les chemins non-linéaires et l'ouverture du processus

Les INTP sont à l'aise là où les autres doutent. Leur univers intérieur est vaste — parfois désordonné, souvent fascinant — et guidé par une curiosité insatiable.

Fonctions cognitives : la structure intérieure de l'INTP

- **Ti (Pensée introvertie) — Dominante**
  Cherche à comprendre en profondeur. Elle dissèque, teste, affine. Pour les INTP, la pensée est un laboratoire privé où chaque idée est analysée jusqu'à l'essence.
- **Ne (Intuition extravertie) — Auxiliaire**
  Capte les connexions extérieures, rebondit entre concepts, inspire des idées inédites. Elle ouvre les portes de l'imagination fertile, là où tout peut devenir possible.
- **Si (Sensation introvertie) — Tertiaire**
  Stocke les données et souvenirs internes. Elle leur donne un cadre discret pour comparer le nouveau à l'ancien, et parfois pour s'ancrer dans des repères sensoriels.
- **Fe (Sentiment extraverti) — Inférieure**
  Gère les émotions sociales, les dynamiques relationnelles. Chez les INTP, elle est souvent sous-développée au début, mais lorsqu'elle émerge, elle permet une connexion humaine sincère et émotive.

Le duo Ti–Ne pousse les INTP vers des horizons mentaux illimités.
Mais c'est la maturation de Si et Fe qui les rend plus équilibrés, connectés et capables de vivre pleinement dans le monde.

Forces naturelles

- **Clarté analytique** : Ils repèrent l'incohérence comme d'autres entendent une fausse note — instinctivement
- **Vision innovante** : Ils trouvent des solutions originales aux problèmes les plus insolubles
- **Neutralité émotionnelle** : Ils analysent sans biais — même les sujets sensibles
- **Apprentissage autonome** : Leur curiosité est leur moteur. Livres, débats, explorations — tout est opportunité
- **Souplesse intellectuelle** : Ils remettent en question sans peur, même leurs propres convictions

Défis fréquents

- **Difficulté à finaliser** : Une fois l'idée comprise, l'action peut perdre tout intérêt
- **Distance émotionnelle** : L'émotion reste floue ou envahissante — surtout dans les situations sociales
- **Analyse excessive** : Ils voient trop de variables, ce qui peut rendre les décisions ardues
- **Détachement relationnel** : La profondeur les attire, mais les interactions superficielles les vident
- **Routine oppressante** : Les obligations répétitives leur donnent l'impression d'être emprisonnés

Croissance personnelle

- **Nommer les émotions** : L'écriture, la méditation ou le dialogue sincère les aident à identifier ce qu'ils ressentent
- **S'engager à finir** : Apprendre à aller jusqu'au bout, même sans enthousiasme initial
- **Créer dans le réel** : Publier, enseigner, transmettre — pour sortir les idées du mental et les ancrer dans le monde
- **Développer Fe avec douceur** : Se connecter à l'émotion des autres sans devoir la rationaliser

Relations et connexions

Les INTP ne cherchent pas l'amour à travers l'intensité — ils le cherchent à travers l'authenticité et la stimulation intellectuelle.
Ils se lient avec ceux qui respectent leur espace, leur rythme et leur silence fertile.

Affinités fréquentes :

- **INFJ** : introspectifs et profonds, capables de nourrir la pensée en silence
- **ENTP** : vifs, créatifs et tout aussi mentalement agiles
- **ISFJ** : calmes, chaleureux, stables — un ancrage paisible pour leur monde abstrait

Ils n'ont pas besoin d'être compris totalement.
Ils ont besoin d'être respectés dans leur manière unique de réfléchir, ressentir et aimer.

Environnements professionnels idéaux

Ils brillent dans les espaces où :

- La pensée libre est valorisée
- Le rythme est souple
- Et les idées mènent à des solutions concrètes

Domaines fréquents:

- Recherche scientifique ou philosophique
- Analyse de données ou développement de systèmes
- Rédaction, enseignement ou création indépendante
- Psychologie, linguistique ou anthropologie
- Innovation technique ou résolution complexe

Ils fuient le micro-management et les répétitions stériles.
Mais donne-leur de la liberté intellectuelle et une énigme digne de ce nom… et tu verras naître des solutions que personne n'avait envisagées.

Réflexion finale

Les INTP ne sont pas des rebelles —
Ce sont des inventeurs de perspectives.

Ils ne se battent pas pour imposer une idée —
Ils remettent les idées en mouvement.

Offre-leur de la place, du silence, des concepts à manipuler.
Et ils reviendront avec une nouvelle façon de comprendre le monde.

Chapitre 3

ENTJ – Le Commandant

Code MBTI : Extraverti, Intuitif, Pensée, Jugement
Autoritaire. Déterminé. Visionnaire.
Un leader né qui planifie, organise et exécute avec précision.

L'esprit qui dirige

Les ENTJ ne demandent pas "est-ce que je peux?" — ils se demandent "comment allons-nous faire?". Leur mentalité est tournée vers l'action, vers l'avenir et vers la transformation du chaos en ordre fonctionnel.
Ce sont des créateurs de clarté. Là où il y a confusion, ils tracent un plan. Là où il y a inertie, ils insufflent du mouvement.

Ils ne dirigent pas pour dominer — ils dirigent parce qu'ils voient les choses avant les autres. Leur présence apporte non seulement de la direction, mais une énergie qui oriente l'ensemble.
Et quand ils sont guidés par une vision claire, leur capacité à mobiliser, organiser et concrétiser est incomparable.

Traits de personnalité clés

- **Extraverti (E)** : Leur énergie vient de l'action, des échanges, du collectif — ils sont des moteurs humains
- **Intuitif (N)** : Au lieu de se perdre dans les détails immédiats, ils pensent en cartes globales et projections futures
- **Pensée (T)** : Ils posent la logique avant l'émotion — non pour exclure, mais pour avancer efficacement
- **Jugement (J)** : Ils préfèrent un monde structuré où les objectifs sont définis et les étapes sont claires

Fonctions cognitives : le moteur stratégique de l'ENTJ

- **Te (Pensée extravertie) — Dominante**
  Organise l'extérieur selon leur vision. Une fonction puissante qui les pousse à optimiser ressources, résoudre rapidement, et obtenir des résultats tangibles.
- **Ni (Intuition introvertie) — Auxiliaire**
  Offre une vision subtile et profonde : les ENTJ ne se fient pas uniquement au visible, mais à ce qu'ils pressentent. Leur stratégie repose souvent sur des intuitions qui se vérifient.
- **Se (Sensation extravertie) — Tertiaire**
  Les garde connectés au présent et aux réalités physiques. Quand elle est bien intégrée, elle leur permet d'agir avec rapidité, acuité et réalisme.
- **Fi (Sentiment introverti) — Inférieure**
  Protège leurs valeurs personnelles et leur intégrité. Peu visible, mais bien présente : elle donne sens à leurs décisions et leur rappelle qu'un bon leader n'est pas seulement efficace, mais aussi éthique.

Forces naturelles

- Ils ne s'arrêtent pas au "pourquoi" — ils cherchent le "comment" puis le "quand"
- Leur esprit est orienté vers la mise en œuvre, pas seulement la réflexion
- Leur structure mentale leur permet de penser en stratégie, en logistique et en exécution sans se perdre
- Leur confiance inspire et rassure — en période de crise, ils deviennent des piliers
- Leur capacité à simplifier la complexité fait d'eux des catalyseurs de progrès
-

- **Défis fréquents**
- **Impulsivité stratégique** : Parfois, ils vont trop vite et n'attendent pas les autres
- **Blocage émotionnel** : Ils peuvent sembler froids, alors qu'ils ressentent intensément
- **Exigence élevée** : Ils peuvent rejeter ce qui ne correspond pas à leurs standards sans discussion
- **Besoin de contrôle** : Déléguer ou accepter des variantes les met souvent à l'épreuve
- **Burnout silencieux** : Ils sacrifient parfois le repos au nom de la réussite

Croissance & intelligence émotionnelle

Développer leur **Fi** les aide à agir selon leurs valeurs profondes, pas seulement la logique.
Apprendre à **écouter sans intervenir** leur permet de créer des relations plus authentiques.
Cultiver **Se** les invite à ralentir, observer, et apprécier le moment avant de foncer.
Et surtout, **lâcher prise** ne signifie pas abandonner — cela signifie faire confiance à ce qui peut aussi grandir sans eux.

Relations et connexions

Les ENTJ aiment intensément, mais expriment par les actes.
Donner, bâtir, créer avec quelqu'un — c'est leur façon de dire "je tiens à toi".
Ce qu'ils recherchent□: authenticité, ambition partagée, et communication claire.

Ils s'épanouissent avec :

- **INFP** : qui apporte douceur et profondeur, tout en offrant un miroir émotionnel

- **INTP** : qui stimule leur intellect et ouvre des perspectives originales
- **ENFP** : qui ajoute spontanéité, chaleur et imagination aux grands projets

Environnements professionnels idéaux

Ils veulent des missions, pas des tâches. Des objectifs, pas des routines. Ce qu'ils réclament :

- Autonomie dans les décisions
- Clarté des résultats
- Liberté d'agir à grande échelle

Domaines propices :

- Direction exécutive
- Conseil stratégique
- Droit ou gouvernance
- Architecture complexe
- Entrepreneuriat ambitieux

Réflexion finale

Les ENTJ ne se contentent pas de rêver —
Ils concrétisent ce que les autres n'osent même pas envisager.

Offre-leur une vision, une équipe, et un obstacle à franchir —
et tu assisteras à une forme de magie rationnelle :
celle qui transforme les idées en impact réel.

Ils ne cherchent pas la reconnaissance.
Ils cherchent **le résultat**.
Et lorsqu'ils dirigent avec clarté, empathie et intégrité —
ils ne commandent pas seulement…
ils inspirent.

Chapter 4:
ENTP – Le Débatteur/ L'inovateur

Code MBTI : Extraverti, Intuitif, Pensée, Perception
Spirituel. Ingénieux. Imprévisible.
Un explorateur mental à la pensée rapide, toujours prêt à transformer les règles et à allumer l'étincelle du changement.

L'esprit qui joue avec les idées

Les ENTP ne débattent pas pour avoir raison.
Ils débattent pour *voir autrement.*
Ils ne demandent pas : « Est-ce possible ? »
Ils demandent : « Et si on retournait tout à l'envers ? »

Surnommés *Le Débatteur* ou *L'Innovateur*, ils sont des artisans du chaos constructif — ceux qui prennent l'évidence et la démontent joyeusement pour voir ce qui se cache derrière.

Ils ne fuient pas la contradiction.
Ils la cultivent — comme une source d'énergie intellectuelle.

Leur pensée fuse, leur humour surprend, leur logique danse autour des concepts.
Ils ne vivent pas dans les cases.
Ils questionnent l'existence même des cases.

Traits de personnalité clés

- **Extraverti (E)** : Recharge dans les échanges, les conversations vivantes, et les rebonds mentaux

- **Intuitif (N)** : Oriente sa pensée vers les schémas, les théories et le monde des possibles
- **Pensée (T)** : Décide selon la logique, en se détachant du bruit émotionnel
- **Perception (P)** : Préfère l'ouverture à la rigidité, l'exploration à la clôture

Fonctions cognitives : le terrain de jeu interne

- **Ne (Intuition extravertie) — Dominante**
  Alimente leur amour de la nouveauté. Elle leur permet de sauter d'une idée à l'autre, capter des connexions invisibles, et proposer des concepts révolutionnaires.
- **Ti (Pensée introvertie) — Auxiliaire**
  Analyse, affine, organise. Derrière leur fluidité se cache une logique profonde que peu soupçonnent — une architecture mentale où chaque idée a sa place.
- **Fe (Sentiment extraverti) — Tertiaire**
  Lit les signaux sociaux, capte les émotions des autres. Elle leur permet de se connecter, de persuader et même de réconcilier… quand ils le veulent vraiment.
- **Si (Sensation introvertie) — Inférieure**
  Stocke les expériences passées, les repères sensoriels. Elle est souvent négligée au début, mais devient le socle de stabilité lorsque l'ENTP cherche plus de continuité.

Ne–Ti est leur moteur d'innovation.
Fe et Si sont les racines qu'ils doivent nourrir pour que leur génie prenne forme durable.

Forces naturelles

- **Créativité effervescente** : Une source inépuisable d'idées, de perspectives et de solutions
- **Agilité verbale** : Capables de rebondir avec humour, finesse et conviction

- **Esprit critique** : Ils ne prennent rien pour acquis — et trouvent souvent mieux
- **Souplesse mentale** : Capables de défendre tous les côtés d'un problème, sans rigidité
- **Connexion sociale** : Charmants et adaptables, même dans la contradiction

Défis fréquents

- **Difficulté à terminer** : L'excitation de départ peut s'évaporer avant la dernière ligne
- **Distraction chronique** : Trop d'idées en tête, pas assez d'ancrage
- **Sur-débat** : Ils peuvent remettre en question... même quand personne ne le demande
- **Blind spot émotionnel** : Ils rationalisent là où l'autre attend de l'écoute
- **Rejet du cadre** : Les obligations rigides leur donnent l'impression d'être emprisonnés

Croissance & maturité

- **Renforcer Ti** : Ralentir pour structurer leur pensée intérieure, aller en profondeur
- **Cultiver Fe** : Écouter sans interrompre, ressentir sans contrôler
- **Utiliser Si avec intention** : Reconnaitre ce que le passé peut enseigner — et ce qu'il faut ancrer
- **Choisir une idée et la suivre** : Non pour se limiter, mais pour construire une empreinte réelle

Relations et connexions

Les ENTP séduisent par surprise, brillent par audace, et s'attachent par intelligence.
Ils ont besoin de partenaires qui les stimulent, les défient, et les laissent

libres.
La routine les étouffe. L'ennui les perd.
Mais la connexion mentale les attire — et la résonance émotionnelle les transforme.

Affinités fréquentes :

- **INFJ** : Calmes, profonds, et mystérieusement complémentaires
- **INTP** : Logiques, brillants, et partenaires d'idées parfaits
- **ENFP** : Spontanés, chaleureux, et tout aussi inventifs

Environnements professionnels idéaux

Les ENTP brillent là où il faut penser, improviser, et changer les règles du jeu.
Ils veulent :

- De la variété
- De la vitesse
- Et la liberté de créer

Domaines propices :

- Entrepreneuriat
- Médias, journalisme, ou communication stratégique
- Marketing, publicité, design créatif
- Droit, politique, débat public
- Innovation technologique ou conseil en stratégie

Ils ne veulent pas qu'on leur dise comment faire.
Ils veulent qu'on leur donne un problème à résoudre — puis les laisser surprendre le monde.

Réflexion finale

Les ENTP ne marchent pas sur les chemins tracés.
Ils dansent à côté — et construisent les leurs.

Leur esprit ne s'arrête pas.
Leur regard est toujours tourné vers ce qui pourrait être.

Et quand ils apprennent à ralentir, à incarner leurs idées, à honorer leurs connexions —
ils ne font pas que stimuler la pensée…
ils redéfinissent les possibles

Part II: The Diplomates –Idéalistes Empathiques (NF)

Chapitre 5

INFJ – L'avocat

Code MBTI : Introverti, Intuitif, Sentiment, Jugement
Perspicace. Idéaliste. Silencieusement déterminé.
Une âme rare où la profondeur émotionnelle se marie à une vision rigoureuse du monde.

La flamme tranquille du sens

Les INFJ n'élèvent pas la voix.
Ils élèvent les consciences.
Ils ne s'imposent pas — ils se déposent.
Leur lumière ne vient pas des projecteurs, mais d'une conviction intime, ancrée, qui éclaire sans brûler.

Surnommés *L'Avocat* ou *Le Visionnaire discret*, ils portent en eux une intensité douce, une présence qui apaise, mais qui transforme.
Ils ne rêvent pas de changer le monde.
Ils s'y sentent appelés — silencieusement, mais fermement.
Chaque geste, chaque mot, chaque décision est imprégné de sens.

Ils ne veulent pas briller.
Ils veulent **servir**.

Traits de personnalité clés

- **Introverti (I)** : Recharge dans le calme et la réflexion profonde
- **Intuitif (N)** : Perçoit les schémas invisibles, les symboles et les appels du futur
- **Sentiment (F)** : Décide avec empathie, sens moral et conscience du vivant

- **Jugement (J)** : Organise sa vie avec intention, structure et fidélité à sa mission intérieure

Ils se sentent souvent "à part" — pas pour être spéciaux, mais parce que leur monde intérieur est vaste, subtil, parfois difficile à mettre en mots.

Fonctions cognitives : la charpente intérieure

- **Ni (Intuition introvertie) — Dominante**
  Vision profonde, presque prophétique. Elle leur permet de lire entre les lignes, de sentir avant de savoir, d'anticiper avec une clarté mystérieuse.
- **Fe (Sentiment extraverti) — Auxiliaire**
  Connexion émotionnelle raffinée. Elle leur donne cette capacité rare à capter les besoins non exprimés et à répondre avec délicatesse.
- **Ti (Pensée introvertie) — Tertiaire**
  Rigueur discrète, utilisée pour clarifier leurs convictions et structurer leur compréhension du monde.
- **Se (Sensation extravertie) — Inférieure**
  Lien au présent. Bien qu'elle soit source de fragilité, son développement les aide à s'ancrer, à savourer, et à reposer leur esprit trop actif.

Ni–Fe est leur fil de lumière intérieure.
Ti–Se est le sentier vers l'équilibre.

Forces naturelles

- **Empathie silencieuse** : Ils comprennent sans juger, ressentent sans envahir
- **Vision à long terme** : Ils pensent en trajectoire, pas seulement en action
- **Présence apaisante** : Leur calme agit comme refuge pour les âmes agitées

- **Engagement moral** : Ils vivent selon des principes profonds, pas des tendances
- **Relation authentique** : S'ils s'attachent, c'est pour vrai — intensément et durablement

Défis fréquents

- **Épuisement émotionnel** : À force de donner, ils s'oublient
- **Perfectionnisme exigeant** : Leur standard intérieur peut devenir une prison
- **Solitude incomprise** : Leur complexité peut les éloigner, même des proches
- **Évitement du conflit** : Par peur de blesser, ils se taisent… même quand il faut parler
- **Hyperactivité mentale** : Leur esprit ne connaît pas de pause

Croissance & équilibre intérieur

- **Poser des limites saines** : Dire "non" n'est pas une rupture — c'est une protection
- **Valoriser Ti** : La logique les aide à soutenir leurs élans du cœur
- **Pratiquer Se** : Marcher lentement, goûter un café, respirer le réel — tout ça aide à revenir à soi
- **Accepter d'être imparfait** : Parce que la beauté vient souvent des fissures

Relations & compatibilités

Les INFJ cherchent l'authenticité, la résonance, le vrai.
Ils ne veulent pas savoir *ce que tu fais.*
Ils veulent savoir *ce qui te touche*, *ce que tu espères*, *ce que tu caches.*

Ils aiment avec tout leur être — mais seulement une fois la confiance établie.
Et quand elle est là, ils deviennent des partenaires de transformation.

Affinités fréquentes :

- **ENFP** : spontanéité, chaleur et idéalisme partagé
- **INTP** : logique calme, profondeur intellectuelle et fidélité
- **ISFJ** : soutien discret, tendresse et valeurs communes

Environnements professionnels idéaux

Les INFJ ne cherchent pas un titre.
Ils cherchent un sens.

Ils brillent dans les rôles qui impliquent :

- Écouter
- Conseiller
- Éduquer
- Créer avec intention

Domaines favorables :

- Thérapie, accompagnement émotionnel
- Éducation, mentorat
- Arts narratifs ou spirituels
- Leadership associatif
- Coaching ou développement humain

Ils ont besoin d'un espace calme, respectueux, et suffisamment souple pour exprimer leur vision.

Réflexion finale

Les INFJ sont les tisseurs silencieux du sens.
Ils ne se pressent pas.
Mais ce qu'ils bâtissent dure.

Leur présence répare.
Leur regard console.

Et leur vision nous rappelle ce que veut vraiment dire :
vivre avec intention.

Quand ils dirigent avec le cœur,
ils ne transforment pas seulement une situation —
ils transforment la manière même dont on regarde le monde.

Chapitre 6

INFP – Le Médiateur

Code MBTI : Introverti, Intuitif, Sentiment, Perception
Doux. Imaginatif. Fidèle à ses principes.
Une âme silencieuse où chaque émotion devient graine de beauté, de sens et de rêve profond.

L'âme derrière le silence

Les INFP ne se contentent pas de ressentir.
Ils vivent à travers leurs émotions — comme un poème qu'on ne récite pas, mais qu'on devient.

Surnommés *Le Médiateur* ou *Le Guérisseur*, ils sont les jardiniers du cœur humain.
Ils rêvent d'un monde meilleur, mais pas en slogans — en gestes tendres, en regards sincères, en mots choisis avec soin.

Leur puissance n'est pas bruyante.
Elle est **authentique**. Elle est **entière**. Elle est **courageuse**, surtout quand elle se fait discrète.

Ils ne demandent pas ce qui plaît.
Ils demandent :

- Qu'est-ce qui est vrai ?
- Qu'est-ce qui mérite d'être défendu ?
- Comment puis-je incarner la beauté que je pressens ?

À l'intérieur, ils imaginent, écrivent, chantent, espèrent — avec ferveur silencieuse.

Traits de personnalité clés

- **Introverti (I)** : Se ressource dans la solitude féconde et les introspections créatives
- **Intuitif (N)** : Oriente sa pensée vers les symboles, les idées et les promesses invisibles
- **Sentiment (F)** : Prend ses décisions en accord avec une vérité émotionnelle profonde
- **Perception (P)** : S'ouvre au vivant — aux détours, à la spontanéité, à l'imprévu fertile

Fonctions cognitives : la boussole de l'idéaliste

- **Fi (Sentiment introverti) — Dominante**
  Centre moral inébranlable. Elle guide les INFP comme un chant intérieur — doux, mais ferme — qui leur dit ce qui est juste, même si personne d'autre ne le voit.
- **Ne (Intuition extravertie) — Auxiliaire**
  Feu d'artifice mental. Elle leur permet de rebondir entre idées, visions, et dimensions alternatives du réel.
- **Si (Sensation introvertie) — Tertiaire**
  Souvenir et sensibilité nostalgique. Elle leur donne cette tendresse pour les objets, les musiques, les lieux porteurs d'émotion.
- **Te (Pensée extravertie) — Inférieure**
  Organisation extérieure souvent difficile. Mais lorsqu'elle est développée, elle devient pont entre l'inspiration et la réalisation.

Forces naturelles

- **Empathie profonde** : Ils ne regardent pas — ils ressentent
- **Créativité fertile** : Leur monde intérieur est un jardin d'histoires, d'images et de mélodies
- **Fidélité morale** : Ils défendent leur vérité, même seuls

- **Ouverture sincère** : Ils accueillent chaque être comme une possibilité
- **Intuition émotionnelle** : Ils perçoivent ce qui ne se dit pas — et l'honorent avec délicatesse

Défis fréquents

- **Surcharge affective** : Ils absorbent les douleurs des autres sans filtre
- **Fuite du conflit** : Leur désir de paix peut les faire taire, même quand parler serait juste
- **Désorganisation** : Les structures rigides les figent, les dispersent
- **Choc du réel** : Quand le monde ne correspond pas à leur rêve, ils peuvent se replier
- **Auto-critique silencieuse** : Leur sensibilité peut les faire douter… alors qu'ils portent tant

Croissance & équilibre

- **Renforcer Te** : Apprendre à structurer leur idéal les aide à le incarner
- **Poser des limites** : Pour ne pas s'épuiser à force de donner
- **Honorer Si avec douceur** : Se souvenir, mais sans se figer
- **Accepter d'être imparfait** : Parce que la beauté n'a pas besoin d'être parfaite pour être vraie

Relations & connexions

Les INFP ne cherchent pas simplement à aimer.
Ils cherchent à **reconnaître l'âme** de l'autre — à créer un sanctuaire de tendresse réciproque.

Ils aiment avec mystère, intensité, et loyauté.
Mais leur cœur ne s'offre pas à la hâte : il veut être vu, senti, respecté.

Affinités fréquentes :

- **ENFJ** : chaleur, structure et idéal commun
- **INFJ** : compréhension intuitive et résonance émotionnelle
- **ENTP** : énergie ludique et stimulation mentale

Ce qu'ils cherchent ?
Un lien qui ressemble à un poème. Un amour qui ressemble à une maison intérieure.

Environnements professionnels idéaux

Les INFP ne veulent pas juste "travailler".
Ils veulent **créer, soigner, inspirer**.

Ils s'épanouissent là où il y a :

- Un sens à servir
- Une liberté d'expression
- Un espace pour rêver en agissant

Domaines propices :

- Écriture ou narration artistique
- Thérapie ou accompagnement émotionnel
- Éducation ou mentorat
- Design, musique, arts visuels
- Humanitaire, associatif ou spiritualité incarnée

Réflexion finale

Les INFP sont les **cœurs invisibles** qui battent pour ce que le monde oublie trop souvent :
la beauté, la gentillesse, l'espérance.

Ils ne crient pas.
Ils n'imposent pas.

Mais leur regard, leur silence, leur foi…
peuvent adoucir un monde entier.

Quand ils osent dire leur vérité,
ils ne changent pas seulement des vies —
ils guérissent ce qui était blessé en chacun de nous.

Chapitre 7

ENFJ – Le Protagoniste

Code MBTI : Extraverti, Intuitif, Sentiment, Jugement
Charismatique. Mobilisateur. Guidé par une vision.
Un leader né dont le cœur ne cherche pas à dominer — il cherche à élever.

Le cœur qui guide

Les ENFJ ne regardent pas simplement le monde.
Ils **l'engagent**.

Surnommés *Le Protagoniste* ou *Le Donneur*, ils sont des architectes du lien humain.
Ce sont ceux qui te voient avant que tu parles, qui te rappellent ta valeur quand tu l'as oubliée, qui rallument la flamme dans un groupe éteint.

Leur présence est une chaleur constante — pas bruyante, mais enveloppante.
Ils parlent avec conviction, mais écoutent avec tendresse.
Et s'ils prennent la tête… c'est parce que les autres **les suivent naturellement.**

Leur vision n'est pas personnelle.
Elle est **commune.**
C'est un appel à construire ensemble un monde plus juste, plus humain, plus vivant.

Traits de personnalité clés

- **Extraverti (E)** : Se nourrit des liens, du mouvement et de l'énergie collective

- **Intuitif (N)** : Perçoit les schémas invisibles, les causes profondes et les chemins du futur
- **Sentiment (F)** : Décide par empathie, guidé par des valeurs incarnées
- **Jugement (J)** : Organise avec rigueur, intention, et sens du but

Fonctions cognitives : la structure intérieure du leader empathique

- **Fe (Sentiment extraverti) — Dominante**
  Capacité exceptionnelle à capter les besoins des autres, créer l'harmonie et inspirer avec authenticité.
- **Ni (Intuition introvertie) — Auxiliaire**
  Vision intérieure qui anticipe ce qui vient — elle les aide à aligner leurs actions à une cause qui dépasse l'immédiat.
- **Se (Sensation extravertie) — Tertiaire**
  Connexion au réel, aux détails, au rythme présent. Elle permet aux ENFJ d'agir vite, et avec finesse.
- **Ti (Pensée introvertie) — Inférieure**
  Fonction logique discrète, qui, une fois cultivée, affine leurs convictions et équilibre leur jugement émotionnel.

Fe–Ni est le tandem qui leur donne impact et profondeur.
Se–Ti est le contrepoids qui les rend solides et nuancés.

Forces naturelles

- **Leadership inspirant** : Ils ne motivent pas par pression, mais par vision et confiance
- **Empathie active** : Ils ne se contentent pas de comprendre — ils agissent pour soulager
- **Communication vibrante** : Ils savent toucher par les mots et rassembler par la voix
- **Capacité d'organisation** : Ils transforment l'élan collectif en mouvement structuré

- **Intégrité morale** : Ils défendent ce qui est juste, même quand cela dérange

Défis fréquents

- **Épuisement affectif** : À force de porter les autres, ils peuvent oublier leur propre poids
- **Hyper-engagement** : Ils acceptent trop, donnent trop, et peinent à poser des limites
- **Auto-critique sévère** : Leur standard élevé peut devenir un miroir dur envers eux-mêmes
- **Sur-adaptation émotionnelle** : En voulant préserver la paix, ils peuvent réprimer leurs propres besoins
- **Difficulté à ralentir** : Le cœur brûle d'élan… même quand le corps réclame repos

Croissance & équilibre

- **Poser des limites sincères** : Se préserver, c'est continuer à mieux aimer
- **Renforcer Ti** : Ajouter lucidité à leur empathie pour des décisions plus équilibrées
- **Pratiquer la solitude choisie** : S'écouter sans bruit, c'est retrouver sa propre voix
- **Lâcher la perfection** : Remplacer l'idéal par le vivant, et la pression par la présence

Relations & connexions

Les ENFJ aiment comme ils vivent — avec intention, intensité, et implication.
Ils veulent des relations qui font grandir, qui nourrissent la mission commune, et où chaque partie peut s'épanouir.

Ils ne donnent pas juste du temps.
Ils donnent **d'eux-mêmes** — avec passion et fidélité.

Types souvent compatibles :

- **INFP** : douceur, résonance émotionnelle et convictions profondes
- **ISFP** : sensibilité calme, beauté intérieure et ancrage tendre
- **ENTP** : vivacité mentale, vision partagée, et énergie contagieuse

Ce qu'ils cherchent ?
Un amour qui construit. Une alliance qui élève. Une présence qui amplifie ce qu'ils veulent offrir au monde.

Environnements professionnels idéaux

Les ENFJ brillent là où il y a :

- Une cause à défendre
- Une équipe à guider
- Un espace pour inspirer

Domaines propices :

- Thérapie, coaching ou accompagnement humain
- Éducation ou leadership pédagogique
- Plaidoyer, prise de parole ou mobilisation communautaire
- Ressources humaines ou développement organisationnel

Ils ne cherchent pas le pouvoir.
Ils cherchent l'impact — le changement vécu.

Réflexion finale

Les ENFJ sont les **voix du courage tendre**,
les **âmes qui rallument l'espoir**,
et les **présences qui nous rappellent qu'on peut se relever**.

Ils ne dirigent pas pour dominer.
Ils dirigent **pour rassembler**.

Et quand ils vivent en équilibre entre cœur, vision et action —
ils ne transforment pas seulement des vies…
ils tissent un monde où chacun se sent digne d'y appartenir.

Chapitre 8

ENFP – Le Militant/Champion

Code MBTI : Extraverti, Intuitif, Sentiment, Perception
Énergique. Imaginatif. Authentique.

Une force contagieuse d'enthousiasme et d'idéalisme vibrant.

L'étincelle des possibles

Les ENFP ne cherchent pas à occuper l'espace.
Ils **illuminent** l'espace.

Souvent surnommés *Le Militant* ou *Le Champion*, ils sont les semeurs d'idées neuves, les porteurs d'espoir coloré, les voix qui demandent : « Et si on inventait une autre façon de faire□? » — et qui le font avec cœur.

Ils ne vivent pas dans les schémas établis.
Ils les réécrivent — avec sens, liberté, et une pointe de folie joyeuse.

Ils croient en la puissance de l'humain.
En sa capacité à grandir. À rêver. À aimer fort et vrai.
Et ce qu'ils offrent au monde, ce n'est pas juste de l'enthousiasme…
C'est une invitation à y croire aussi.

Traits de personnalité clés

- **Extraverti (E)** : Recharge dans les échanges vivants, les conversations intimes et les expériences partagées

- **Intuitif (N)** : Oriente sa pensée vers les idées, les liens invisibles et les futurs possibles
- **Sentiment (F)** : Décide selon des valeurs intimes, une empathie sincère et une vérité émotionnelle
- **Perception (P)** : Préfère la fluidité à la rigidité, l'exploration à la structure figée

Fonctions cognitives : le feu intérieur

- **Ne (Intuition extravertie) — Dominante**
  Source infinie de connexions inattendues. Elle les pousse à explorer, à imaginer, à sauter d'une idée à l'autre — avec grâce et intelligence.
- **Fi (Sentiment introverti) — Auxiliaire**
  Fondation silencieuse de leur authenticité. Elle guide leurs choix et leurs élans — toujours en cohérence avec une boussole morale profonde.
- **Te (Pensée extravertie) — Tertiaire**
  Organisation en devenir. Quand elle est développée, elle permet aux ENFP de concrétiser leurs visions et de structurer leur rayonnement.
- **Si (Sensation introvertie) — Inférieure**
  Souvenir sensoriel et nostalgique. Elle donne une tendresse particulière à leur relation au passé et peut les aider à s'ancrer, à ralentir.

Ne–Fi est leur moteur de magie créative.
Te–Si est le pont entre leurs rêves et la réalité.

Forces naturelles

- **Charisme émotionnel** : Leur présence ouvre les cœurs et déclenche des sourires
- **Créativité éclectique** : Ils colorent le monde avec une palette infinie d'idées

- **Motivation inspirante** : Leur enthousiasme est contagieux — il donne envie d'agir
- **Souplesse intérieure** : Ils changent de cap si c'est pour mieux incarner leur vérité
- **Présence relationnelle** : Ils voient en chacun une histoire, une possibilité, une beauté

Défis fréquents

- **Difficulté à finir** : Le départ est magique… mais l'arrivée peut perdre son éclat
- **Excès d'idées ou d'émotions** : Trop de "brillance" sans filtre peut mener à l'épuisement
- **Fuite du conflit** : Leur besoin d'harmonie les pousse parfois à se taire quand il faudrait parler
- **Sensibilité à la critique** : Leur ouverture rend les blessures invisibles plus profondes
- **Trouble organisationnel** : La routine les frustre, mais son absence peut les désorienter

Croissance & maturité

- **Renforcer Te** : Créer un système autour de leur feu pour éviter qu'il ne se disperse
- **Cultiver Fi ouvertement** : Nommer leur vérité renforce leur relation aux autres
- **Utiliser Si avec douceur** : Se souvenir pour apprendre, pas pour s'emprisonner
- **Poser des limites sincères** : Dire "non" protège leur énergie créative et leur capacité à aimer

Relations & connexions

Les ENFP aiment avec joie, avec cœur, avec entièreté.
Ils apportent lumière, mouvement, et étonnement — mais demandent respect, présence et espace pour respirer.

Ils s'attachent non pas à l'apparence, mais à l'âme.
Et quand ils trouvent une connexion vraie, ils offrent le meilleur d'eux-mêmes — sans condition.

Affinités fréquentes :

- **INFJ** : pour la profondeur partagée et la spiritualité du lien
- **INTP** : pour le jeu mental et la liberté réciproque
- **ESFP** : pour la vivacité émotionnelle et la spontanéité lumineuse

Environnements professionnels idéaux

Ils brillent là où il faut :

- Créer
- Inspirer
- Relier

Domaines propices :

- Coaching, accompagnement humain
- Écriture, art, communication créative
- Innovation sociale ou associative
- Éducation alternative
- Entrepreneuriat sensible
- Marketing, storytelling ou branding émotionnel

Ils ne veulent pas "faire carrière".
Ils veulent **laisser une empreinte humaine**.

Réflexion finale

Les ENFP sont l'étincelle dans l'obscurité.
La main qui invite.
La voix qui propose :
« Et si on osait rêver autrement□? »

Ils ne parlent pas de lumière.
Ils **la vivent**.

Et quand ils trouvent un espace pour incarner leur vision,
ils ne changent pas seulement l'ambiance —
ils transforment la façon même dont le monde ose espérer.

Part III: Les Sentinelles – Gardiens Pragmatiques (SJ)

Chapitre 9

ISTJ – Le Logisticien

Code MBTI : Introverti, Sensation, Pensée, Jugement
Fiable. Responsable. Constant.
Un pilier silencieux de l'ordre — animé par loyauté, pragmatisme, et une quête tranquille d'intégrité.

La colonne vertébrale de la fiabilité

Les ISTJ ne parlent pas pour convaincre.
Ils agissent pour **tenir leur promesse**.

Surnommés *Le Logisticien* ou *L'Inspecteur*, ils sont les fondations invisibles sur lesquelles reposent les structures.
Ce sont ceux qui arrivent en avance, qui ne lâchent rien, qui maintiennent les systèmes pendant que les autres brillent.

Ils ne cherchent pas les feux de la rampe.
Mais sans eux, les projecteurs n'auraient même pas été installés.

Leur boussole interne est réglée sur la **responsabilité**, le **devoir**, et ce qui fonctionne vraiment — pas ce qui semble séduisant.

Ils ne prennent pas de raccourcis.
Ils prennent **le bon chemin** — celui qui dure.

Traits de personnalité clés

- **Introverti (I)** : Se ressource dans le calme, la concentration et les tâches bien accomplies

- **Sensation (S)** : Prend appui sur les faits, les expériences et les routines fiables
- **Pensée (T)** : Décide avec logique, impartialité et efficacité
- **Jugement (J)** : Structure sa vie selon des standards clairs, des objectifs réalistes et une planification solide

Fonctions cognitives : la matrice du pragmatisme

- **Si (Sensation introvertie) — Dominante**
Mémoire précise, loyale et ordonnée. Elle leur permet de reproduire ce qui a fait ses preuves et d'améliorer ce qui doit l'être.
- **Te (Pensée extravertie) — Auxiliaire**
Efficacité incarnée. Elle les aide à mettre en place des procédures, à gérer les opérations et à concrétiser avec méthode.
- **Fi (Sentiment introverti) — Tertiaire**
Voix morale discrète. Elle guide leur engagement envers ce qui est juste, même si ce n'est pas populaire.
- **Ne (Intuition extravertie) — Inférieure**
Vision du possible. Lorsqu'elle est cultivée, elle les ouvre aux idées nouvelles, aux ajustements nécessaires et à une souplesse paisible.

Forces naturelles

- **Fiabilité sans faille** : Ils honorent leur parole, leur tâche, leur rôle
- **Sens du détail** : Rien n'échappe à leur rigueur — tout mérite d'être bien fait
- **Pensée structurante** : Ils transforment la complexité en séquences claires
- **Loyauté solide** : Ils soutiennent ceux qu'ils aiment — en silence, mais pour longtemps

- **Ancrage dans le réel** : Ils comprennent ce qui marche… et pourquoi

Défis fréquents

- **Rigidité involontaire** : La nouveauté peut sembler risquée — même quand elle est utile
- **Réserve émotionnelle** : Ils ressentent avec intensité, mais l'expriment rarement
- **Jugement hâtif** : Ce qui sort des normes peut être vu trop vite comme faiblesse
- **Surmenage muet** : Ils se chargent sans se plaindre, jusqu'à l'épuisement
- **Ambiguïté perturbante** : Ils préfèrent les repères stables et les protocoles clairs

Croissance & équilibre

- **Développer Ne avec curiosité** : Explorer de nouvelles perspectives sans perdre leur rigueur
- **Exprimer Fi avec confiance** : Partager leurs ressentis renforce leurs liens
- **Alléger la structure intérieure** : Laisser place à l'imprévu, parfois, nourrit la souplesse
- **Prioriser le repos** : Se régénérer, c'est aussi honorer leur responsabilité envers eux-mêmes

Relations & compatibilités

Les ISTJ aiment comme ils vivent — discrètement, profondément, sans spectacle.
Leur affection se lit dans leur fidélité, dans les petits gestes, dans le soin invisible qu'ils apportent chaque jour.

Ils ne promettent pas l'impossible.
Mais ce qu'ils promettent, **ils tiennent**.

Types souvent compatibles :

- **ESFJ** : chaleur relationnelle et structure partagée
- **ISFJ** : loyauté silencieuse et compréhension intuitive
- **ESTP** : vitalité ludique qui équilibre leur routine

Ce qu'ils cherchent ?
Un lien **stable, honnête, et mutuellement engagé**.

Environnements professionnels idéaux

Les ISTJ excellent dans les contextes où la rigueur est valorisée, la méthode est utile, et les responsabilités sont claires.

Domaines favorables :

- Droit, finance ou comptabilité
- Logistique, ingénierie ou gestion des opérations
- Santé ou administration publique
- Sécurité ou force de l'ordre
- Organisation interne, conformité ou gestion de projet

Ils ne veulent pas improviser.
Ils veulent **assurer**.
Et quand ils le font, les fondations deviennent inébranlables.

Réflexion finale

Les ISTJ ne construisent pas des illusions.
Ils **solidifient la réalité**.

Leur présence n'a pas besoin de grands gestes.
Elle **rassure** par ce qu'elle incarne :
constance, engagement, et sens du devoir.

Et quand on leur fait confiance,
ce n'est pas juste un système qui fonctionne —
c'est un monde qui tient debout.

Chapitre 10

ISFJ – The Défendeur

Code MBTI : Introverti, Sensation, Sentiment, Jugement
Bienveillant. Dévoué. Protecteur.
Un soutien calme et discret, tissé dans les gestes silencieux qui gardent le monde stable.

La force tranquille du service

Les ISFJ n'ont pas besoin de reconnaissance pour exister.
Ils vivent dans le **cœur des choses essentielles** — là où peu regardent, mais où tout repose.

Surnommés *Le Gardien* ou *Le Protecteur silencieux*, ce sont eux qui consolent sans bruit, qui anticipent sans réclamer, qui tiennent la mémoire affective d'un foyer, d'un groupe, ou d'un rêve partagé.

Leur gentillesse n'est pas un rôle.
C'est une **manière d'être**.

Ils se demandent :

- Qui a besoin de présence aujourd'hui□?
- Que faut-il préserver pour ne pas blesser□?
- Comment puis-je alléger sans déranger□?

Et pendant que le monde parle fort, **ils agissent en profondeur**.

Traits de personnalité clés

- **Introverti (I)** : Se ressource dans la solitude calme et la contemplation délicate
- **Sensation (S)** : Observe avec précision, retient avec soin, agit avec pragmatisme
- **Sentiment (F)** : Décide selon des valeurs personnelles, la compassion et la paix morale
- **Jugement (J)** : Structure sa vie autour de routines stables, d'engagements tenus et d'intentions claires

Fonctions cognitives : la charpente du soin silencieux

- **Si (Sensation introvertie) — Dominante**
  Mémoire sensorielle et affective riche. Elle donne aux ISFJ une stabilité qui répare, une fidélité qui rassure.
- **Fe (Sentiment extraverti) — Auxiliaire**
  Connexion émotionnelle. Elle leur permet de ressentir sans envahir, et d'apporter le bon geste au bon moment.
- **Ti (Pensée introvertie) — Tertiaire**
  Réflexion interne paisible. Elle soutient leur logique discrète et leur capacité à organiser sans bruit.
- **Ne (Intuition extravertie) — Inférieure**
  Ouverture aux possibles. Elle leur offre, une fois développée, plus de flexibilité et de curiosité créative.

Si–Fe est le socle du soin incarné.
Ti–Ne est le chemin de croissance personnelle et d'élargissement paisible.

Forces naturelles

- **Loyauté tendre** : Ils restent, ils soutiennent, et ils n'oublient jamais
- **Sens du détail affectif** : Ils remarquent les petits signes, les besoins implicites, les silences importants
- **Fiabilité silencieuse** : On peut compter sur eux — même quand ils ne se vantent pas

- **Empathie incarnée** : Ils comprennent les émotions sans les imposer
- **Sens du devoir discret** : Ils ne parlent pas d'engagement — ils l'honorent chaque jour

Défis fréquents

- **Refoulement affectif** : Ils taisent ce qui les touche pour ne pas déranger
- **Rigidité émotionnelle** : Le changement trop brutal peut les déstabiliser
- **Sur-sollicitation silencieuse** : Ils acceptent tout, même quand ils sont à bout
- **Évitement du conflit** : Ils se sacrifient parfois au nom de la paix
- **Absence de reconnaissance** : Ce qu'ils donnent est souvent invisible… mais vital

Croissance & équilibre

- **Pratiquer l'auto-soin** : Parce que garder les autres exige de garder sa propre lumière
- **Développer Ne avec douceur** : Explorer sans peur nourrit leur créativité enfouie
- **Exprimer Fe avec confiance** : Dire leurs ressentis crée des ponts durables
- **Poser des limites** : Pour que leur dévotion reste vivante — pas épuisée

Relations & connexions

Les ISFJ aiment **en action, en présence, en attention.**
Leur tendresse ne crie pas.
Elle **accueille, prépare, rassure, accompagne.**

Ils se lient avec lenteur, mais leur loyauté est de longue durée.
Et quand on les voit vraiment, ils s'ouvrent avec une tendresse bouleversante.

Affinités fréquentes :

- **ESFJ** : chaleur partagée, rythme émotionnel commun
- **ISTJ** : structure tranquille et fidélité mutuelle
- **ENFP** : lumière spontanée qui illumine leur profondeur

Ce qu'ils cherchent ?
Un foyer humain — stable, sincère, et respectueux de leur monde intérieur.

Environnements professionnels idéaux

Les ISFJ brillent **en coulisses**, là où l'essentiel doit être gardé, soutenu, transmis.

Domaines propices :

- Soins infirmiers ou accompagnement thérapeutique
- Enseignement ou soutien scolaire
- Travail social ou soutien communautaire
- Ressources humaines ou administration
- Bibliothéconomie, documentation ou archivistique
- Accueil ou service à la clientèle empathique

Ils ne veulent pas la scène.
Ils veulent **la paix, la structure et le sens**.

Réflexion finale

Les ISFJ sont les **présences sans bruit**,
les **gardes-fous émotionnels**,
les **architectes cachés du quotidien serein**.

Ils ne cherchent pas à être vus.
Mais quand ils sont reconnus…

on comprend que c'est eux qui faisaient tenir le monde pendant que les autres tentaient de le changer.

Chapitre 11

ESTJ – L’exécutif

Code MBTI : Extraverti, Sensation, Pensée, Jugement
Efficace. Affirmé. Fiable.
Un bâtisseur naturel qui transforme le chaos en logique — et dirige non pas par ego, mais par engagement.

L’organisateur de l’ordre

Les ESTJ ne parlent pas pour séduire.
Ils **agissent pour que ça fonctionne**.

Surnommés *Le Superviseur* ou *L’Exécutif*, ils sont les moteurs des structures durables.
Ce sont ceux qui tracent le plan pendant que les autres hésitent, qui mettent les ressources en mouvement, et qui tiennent le cap dans les turbulences.

Ils ne cherchent pas les ambiguïtés.
Ils demandent :

- Quel est l’objectif□?
- Qui prend la responsabilité□?
- Quelle est la voie la plus claire et la plus efficace□?

Et quand il n’y a pas de réponse…
Ils la créent.

Traits de personnalité clés

- **Extraverti (E)** : Se ressource dans les échanges, les défis partagés et l'impact direct
- **Sensation (S)** : Oriente sa pensée vers le concret, le mesurable, et le vérifiable
- **Pensée (T)** : Décide selon la logique, l'objectivité et la stratégie fonctionnelle
- **Jugement (J)** : Structure son monde selon des principes stables, des attentes claires et des résultats tangibles

Fonctions cognitives : le système interne de précision

- **Te (Pensée extravertie) — Dominante**
  Oriente tout vers l'efficacité. Elle permet aux ESTJ de construire, organiser, optimiser — sans s'éparpiller.
- **Si (Sensation introvertie) — Auxiliaire**
  Ancre leurs décisions dans l'expérience passée, les routines éprouvées, les repères solides.
- **Ne (Intuition extravertie) — Tertiaire**
  Ouvre la voie aux innovations et aux alternatives. Elle élargit leur pensée, mais demande du temps pour se déployer.
- **Fi (Sentiment introverti) — Inférieure**
  Abrite leurs convictions personnelles. Peu visible au départ, elle devient un socle d'intégrité lorsqu'elle est cultivée.

Te–Si forme leur colonne stratégique.
Ne–Fi permet d'ajouter nuance, vision, et conscience humaine.

Forces naturelles

- **Leadership structuré** : Ils prennent les rênes avec clarté et méthode
- **Organisation fiable** : Ils convertissent les idées en processus tangibles
- **Responsabilité incarnée** : Ils ne se contentent pas de parler d'engagement — ils le modèlent

- **Efficacité mentale** : Chaque décision a une raison, chaque action un objectif
- **Stabilité protectrice** : Ils deviennent le repère pour ceux qui ont besoin de direction

Défis fréquents

- **Rigidité involontaire** : Les méthodes non prouvées peuvent leur sembler risquées
- **Angle mort émotionnel** : Ils peuvent sous-estimer les besoins affectifs autour d'eux
- **Impatience** : L'indécision ou l'hésitation les met hors cadence
- **Tendance au surcontrôle** : Déléguer leur demande un effort conscient
- **Surmenage silencieux** : Ils prennent tant à charge qu'ils oublient parfois de respirer

Croissance & équilibre

- **Développer Fi** : Se reconnecter à leurs valeurs intérieures pour humaniser leurs choix
- **Ouvrir à Ne** : Explorer sans jugement peut révéler des solutions inattendues
- **Écouter sans solutionner** : Parfois, une présence suffit plus qu'un plan
- **Pratiquer le repos stratégique** : Se reposer, c'est mieux diriger ensuite

Relations & connexions

Les ESTJ aiment **par engagement.**
Ils planifient, protègent, concrétisent.
Ce qu'ils donnent est visible — mais ce qu'ils attendent est profond : confiance, loyauté, et un partenaire à la hauteur.

Ils ne veulent pas des jeux.
Ils veulent des alliances.

Types compatibles :

- **ISFJ** : chaleur structurée et loyauté partagée
- **ESFJ** : fluidité affective et respect des responsabilités
- **INFP** : douceur contrastante qui humanise leur rigueur

Environnements professionnels idéaux

Les ESTJ excellent là où il faut :

- Diriger sans hésiter
- Réaliser avec constance
- Maintenir la norme — ou la définir

Domaines propices :

- Gestion d'entreprise ou opérations logistiques
- Forces de l'ordre ou défense
- Comptabilité, finance ou audit
- Direction d'établissement ou supervision pédagogique
- Administration publique ou planification stratégique

Ils ne cherchent pas les honneurs.
Mais ils exigent que les choses **tiennent debout**.

Réflexion finale

Les ESTJ ne veulent pas diriger pour le pouvoir.
Ils veulent **garantir que les choses fonctionnent, et perdurent.**

Leur main est ferme.
Leur esprit, lucide.
Leur intention, responsable.

Et quand on leur fait confiance,
ce n'est pas juste un plan qui se met en marche —

c'est une équipe, une communauté, une vision… qui devient réalité.

Chapitre12

ESFJ – Le Consul

Code MBTI : Extraverti, Sensation, Sentiment, Jugement
Attentionné. Sociable. Dévoué.
Un organisateur au grand cœur, présent là où les liens se tissent et où le quotidien devient foyer.

Le cœur de la communauté

Les ESFJ ne regardent pas les besoins des autres.
Ils **y répondent.**
Leur gentillesse n'est pas douce seulement.
Elle est **active, intentionnelle, et constante.**

Surnommés *Le Consul* ou *Le Protecteur*, ils sont les mémoires vivantes de ceux qu'ils aiment.
Ce sont eux qui demandent :

- Qui manque à l'appel ?
- Qui a besoin d'un mot doux ?
- Comment peut-on rendre cela plus chaleureux, plus juste, plus uni ?

Ils organisent les anniversaires.
Préparent les repas.
Veillent aux détails.
Mais surtout — **ils veillent aux gens.**

Leur présence est la colle invisible qui garde les cercles humains ensemble.

Traits de personnalité clés

- **Extraverti (E)** : Recharge dans les échanges et la vie relationnelle
- **Sensation (S)** : Ancré dans le concret, attentif aux gestes et aux réalités immédiates
- **Sentiment (F)** : Décide avec empathie, écoute et justesse affective
- **Jugement (J)** : Organise avec méthode, structure, et responsabilité

Fonctions cognitives : la charpente du soin relationnel

- **Fe (Sentiment extraverti) — Dominante**
  Cœur du ESFJ. Elle capte les émotions collectives, ajuste la dynamique et crée l'harmonie affective.
- **Si (Sensation introvertie) — Auxiliaire**
  Mémoire affective et sensorielle. Elle donne valeur aux traditions, aux routines, et au rituel du quotidien.
- **Ne (Intuition extravertie) — Tertiaire**
  Ouverture aux idées. Elle ajoute spontanéité et créativité dans leur manière de servir.
- **Ti (Pensée introvertie) — Inférieure**
  Analyse intérieure discrète. Elle aide à mieux structurer leur approche quand elle est cultivée avec conscience.

Fe–Si est leur socle de soutien affectif.
Ne–Ti leur permet d'innover et de mieux articuler leur vision.

Forces naturelles

- **Empathie incarnée** : Ils sentent avant qu'on parle, et réagissent avant qu'on demande
- **Organisation affective** : Ils rendent les événements humains — pas juste bien planifiés
- **Fiabilité** : Quand ils promettent, ils tiennent — toujours
- **Intelligence sociale** : Ils lisent les dynamiques de groupe comme une partition musicale

- **Sens du service** : Leur bonheur vient du bonheur qu'ils nourrissent chez les autres

Défis fréquents

- **Sur-adaptation** : À vouloir satisfaire tout le monde, ils peuvent s'oublier eux-mêmes
- **Résistance au changement** : Ce qui est trop rapide ou trop abstrait peut bousculer leur équilibre
- **Vulnérabilité émotionnelle** : Une critique touche plus que prévu
- **Épuisement affectif** : Trop donner sans retour peut vider leur énergie
- **Jugement non-intentionnel** : Ce qui sort de leur repères peut d'abord sembler instable

Croissance & équilibre

- **Cultiver Ti** : Pour renforcer leur logique et affiner leur processus décisionnel
- **Accueillir l'auto-soin** : Se poser, se respecter, se réapprovisionner
- **Pratiquer la souplesse** : L'imperfection peut devenir espace de création
- **Poser des limites sincères** : Dire "non" quand il faut, pour mieux dire "oui" après

Relations & compatibilités

Les ESFJ aiment **par gestes, par présence, par constance.**
Ils ne demandent pas des mots grands.
Ils offrent du café chaud, une chaise près d'eux, un regard qui comprend.

Mais derrière cette douceur, il y a une **force incroyable de loyauté**.
Et quand on les respecte, ils deviennent le **sanctuaire affectif** de tout ce qu'on traverse.

Affinités fréquentes :

- **ISFJ** : pour la tendresse partagée et les valeurs communes
- **ESTJ** : pour la structure alliée à la responsabilité
- **INFP** : pour la profondeur calme et la beauté émotionnelle

Environnements professionnels idéaux

Ils brillent là où il y a :

- Des gens à accompagner
- Des systèmes à stabiliser
- Des atmosphères à adoucir

Domaines propices :

- Enseignement, soutien pédagogique
- Santé, soins infirmiers
- Événementiel ou hôtellerie
- Ressources humaines ou accueil communautaire
- Conseil, travail social ou service client

Ils ne veulent pas juste organiser.
Ils veulent **faire du quotidien un espace humain.**

Réflexion finale

Les ESFJ sont les **battements discrets d'un monde attentionné.** Ceux qui s'assurent que tout le monde a une place, un moment, un sourire.

Ils ne sont pas seulement présents.
Ils font exister le lien.

Et quand leur dévouement est reconnu,
ils ne se contentent pas de soutenir —
ils élèvent.

Part IV: The Explorateurs –Realistes Audacieux (SP)

Chapitre 13

ISTP – Le Virtuose

Code MBTI : Introverti, Sensation, Pensée, Perception
Indépendant. Tactique. Flegmatique.
Un artisan de la logique incarnée, qui construit, répare, explore — en silence, mais avec impact.

L'artisan silencieux

Les ISTP ne se contentent pas d'analyser.
Ils **agissent.**
Surnommés *Le Virtuose* ou *L'Artisan*, ce sont les ingénieurs du réel, les résolveurs calmes, les mains qui font tenir le monde sans bruit.

Quand quelque chose ne fonctionne pas…
Ils ne se plaignent pas.
Ils **le réparent.**

Ils ne demandent pas quoi dire.
Ils demandent :

- Comment ça marche ?
- Qu'est-ce que je peux créer avec ça ?
- Et si je faisais autrement ?

Et pendant que les autres pensent, **ils testent.**

Traits de personnalité clés

- **Introverti (I)** : Recharge dans le silence et la liberté personnelle

- **Sensation (S)** : Oriente son attention vers les faits, les gestes et le concret
- **Pensée (T)** : Décide selon la logique, l'analyse et la rigueur mentale
- **Perception (P)** : Préfère la souplesse, l'imprévu, l'autonomie d'action

Fonctions cognitives : la mécanique intérieure

- **Ti (Pensée introvertie) — Dominante**
  Décode les systèmes. Elle dissèque, comprend, optimise — dans une quête de cohérence élégante.
- **Se (Sensation extravertie) — Auxiliaire**
  Connecte au présent physique. Elle aime l'engagement direct, les outils, le mouvement fluide.
- **Ni (Intuition introvertie) — Tertiaire**
  Ajoute de l'intuition stratégique. Elle aide à anticiper les résultats et repérer des schémas subtils.
- **Fe (Sentiment extraverti) — Inférieure**
  Conscience sociale discrète. Lorsqu'elle est cultivée, elle permet au ISTP de mieux se relier, de mieux s'exprimer.

Ti–Se est leur moteur tactique.
Ni–Fe est leur axe de croissance humaine.

Forces naturelles

- **Résolution concrète** : Ils voient les problèmes comme des invitations à comprendre
- **Maîtrise technique** : Ils apprennent par la pratique, améliorent par intuition
- **Indépendance tranquille** : Leur liberté intérieure est non-négociable
- **Calme en situation critique** : Ils ne paniquent pas — ils réparent

- **Courage pratique** : Ils prennent des risques parce qu'ils croient en leurs capacités

Défis fréquents

- **Éloignement émotionnel** : Leur langage affectif est souvent gestuel, non verbal
- **Impulsivité fonctionnelle** : Ils agissent avant de prévoir tout
- **Antipathie pour la routine** : Ce qui est figé les ennuie rapidement
- **Skeptisis sou l'autorité** : Ils obéissent à ce qui fait sens — pas à ce qui impose
- **Fermeture relationnelle** : Par peur de contrainte émotionnelle, ils peuvent s'effacer

Croissance & équilibre

- **Cultiver Fe** : Se connecter sans perdre leur autonomie fortifie leurs liens
- **Pratiquer la patience** : Anticiper, planifier — sans se brider
- **Collaborer sans fusionner** : Travailler en équipe, mais garder leur espace
- **Nommer leurs valeurs** : Clarifier ce qui les anime rend chaque projet plus porteur

Relations & compatibilités

Les ISTP aiment **en action.**
Réparer un objet, protéger un espace, rester près de toi sans mots — mais avec loyauté.

Ils valorisent :

- L'honnêteté silencieuse
- L'espace mental
- Les liens sans pression

Types compatibles :

- **ISFP** : liberté partagée et tendresse paisible
- **ESTP** : énergie directe et spontanéité
- **INFJ** : profondeur calme et contraste relationnel

Environnements professionnels idéaux

Les ISTP brillent là où il faut :

- Utiliser les mains
- Résoudre avec logique
- Agir avec précision

Domaines propices :

- Mécanique, ingénierie technique
- Forces de l'ordre, interventions urgentes
- Artisanat, métiers manuels
- Activités en extérieur, sport ou missions de terrain
- Projets freelance ou entrepreneuriat de compétence

Ce qu'ils demandent : autonomie, clarté, et un défi digne de leur esprit.

Réflexion finale

Les ISTP ne parlent pas fort.
Mais **ce qu'ils créent parle pour eux.**

Leur pensée est précise.
Leur énergie, contrôlée.
Et leur présence, rassurante.

Quand on leur fait confiance…
ils ne réparent pas seulement les objets —
ils réparent les situations.
Et parfois, le monde entier.

Chapitre 14

ISFP – L'aventurier

Code MBTI : Introverti, Sensation, Sentiment, Perception

Doux. Expressif. Libre d'esprit. Un chercheur silencieux de beauté, guidé par l'émotion et l'authenticité.

L'artiste du quotidien

Les ISFP ne se contentent pas de vivre — **ils ressentent profondément.**
Souvent appelés **L'Aventurier** ou **L'Artiste**, les ISFP sont sensibles, discrets et profondément connectés à leur monde intérieur.
Ils trouvent de la beauté dans les détails, de la signification dans les gestes simples, et de la liberté dans l'expression personnelle.

Ils vivent dans l'instant, guidés par leurs émotions et leur sens de ce qui est juste pour eux.
Ils se demandent :
Qu'est-ce qui me touche ? Comment puis-je exprimer cela ? Que puis-je créer ou préserver aujourd'hui ?

Ils ne cherchent pas à impressionner — **ils cherchent à être vrais.**
Et bien que réservés, leur présence est souvent apaisante, inspirante et sincère.

Traits de personnalité clés

- **Introverti (I) :** Se ressource dans la solitude et l'exploration intérieure

- **Sensation (S) :** Se concentre sur les détails, les sensations et l'expérience concrète
- **Sentiment (F) :** Prend des décisions basées sur les valeurs personnelles et l'empathie
- **Perception (P) :** Préfère la spontanéité, la liberté et l'ouverture au changement

Les ISFP sont souvent décrits comme doux, artistiques et profondément sincères.
Ils ne veulent pas dominer — **ils veulent vivre en accord avec eux-mêmes**.

Fonctions cognitives : la structure intérieure de l'ISFP

- **Dominante – Sentiment introverti (Fi) :**
  Alimente leur sens aigu de l'authenticité. Ils vivent selon leurs valeurs profondes et ressentent les émotions avec intensité, même s'ils les gardent souvent pour eux.
- **Auxiliaire – Sensation extravertie (Se) :**
  Les relie au moment présent. Elle nourrit leur amour de la nature, de l'art, de la beauté sensorielle et de l'expérience directe.
- **Tertiaire – Intuition introvertie (Ni) :**
  Offre des intuitions silencieuses et une capacité à percevoir des significations cachées. Lorsqu'elle est développée, elle enrichit leur vision artistique et leur compréhension du monde.
- **Inférieure – Pensée extravertie (Te) :**
  Aide à structurer leurs idées et à agir concrètement. Moins naturelle, elle devient précieuse lorsqu'elle est cultivée pour concrétiser leurs projets.

Là où ils excellent

- **Expression artistique** : Ils traduisent leurs émotions en art, en gestes ou en beauté
- **Empathie silencieuse** : Ils ressentent profondément et soutiennent avec douceur

- **Présence sensorielle** : Ils savourent les plaisirs simples et les détails du quotidien
- **Liberté intérieure** : Ils vivent selon leurs propres règles, sans chercher à convaincre
- **Adaptabilité** : Ils s'ajustent avec souplesse, sans imposer

Défis fréquents

1. **Réserve émotionnelle** : Ils peuvent avoir du mal à exprimer leurs besoins
2. **Évitement du conflit** : Ils préfèrent fuir que confronter
3. **Manque de structure** : Leur spontanéité peut nuire à la constance
4. **Doute de soi** : Leur sensibilité peut les rendre vulnérables à la critique
5. **Difficulté à se projeter** : Ils vivent dans l'instant, parfois au détriment du long terme

Croissance & équilibre émotionnel

- **Développer Te** : Structurer leurs idées les aide à concrétiser leur vision
- **Exprimer leurs émotions** : Partager leur monde intérieur renforce les liens
- **Pratiquer l'affirmation de soi** : Dire ce qu'ils ressentent sans crainte
- **Créer des rituels** : Un peu de routine peut soutenir leur créativité

Relations & connexions

Les ISFP aiment avec douceur, discrétion et sincérité.
Ils montrent leur amour par des gestes attentionnés, des créations personnelles, ou une présence silencieuse mais constante.
Ils ont besoin d'un partenaire qui respecte leur rythme, leur espace et leur sensibilité.

Ils s'entendent souvent bien avec :

- **ESFP** : qui partagent leur spontanéité et leur amour de la vie
- **ISTP** : qui offrent indépendance et complémentarité pratique
- **ENFJ** : qui apportent structure, chaleur et encouragement

Ce dont ils ont le plus besoin : **sécurité émotionnelle, liberté d'être eux-mêmes, et reconnaissance de leur beauté intérieure**.

Environnements professionnels idéaux

Les ISFP s'épanouissent dans des rôles qui leur permettent de créer, d'aider ou de s'exprimer librement.
Ils ont besoin d'un environnement paisible, esthétique et humain.

Parcours idéaux :

- Art, design ou artisanat
- Soins infirmiers ou accompagnement thérapeutique
- Photographie ou stylisme
- Travail avec les animaux ou la nature
- Métiers manuels ou sensoriels
- Médiation ou accompagnement social

Ils ne sont pas faits pour la compétition — **ils sont faits pour l'expression authentique**.

Réflexion finale

Les ISFP sont les artistes silencieux du monde — ceux qui transforment l'ordinaire en poésie, qui soignent sans bruit, et qui vivent avec une grâce discrète.
Ils ne cherchent pas à briller — **ils cherchent à être vrais**.
Et lorsqu'on leur donne l'espace d'être eux-mêmes, ils ne se contentent pas d'exister — **ils embellissent le monde**.

Chapitre 15

ESTP – L'entrepreneur

Code MBTI : Extraverti, Sensation, Pensée, Perception
Énergique. Audacieux. Persuasif.
Une présence qui prend l'instant entre ses mains et le transforme en trajectoire.

Le moteur instinctif

Les ESTP ne demandent pas si la route est sûre.
Ils foncent.
Surnommés *L'Entrepreneur* ou *Le Dynamo*, ce sont les activateurs de terrain — pas les planificateurs de salon.

Ils sentent, ils calculent, ils plongent.
Leur monde est physique, vivant, immédiat.
Ils ne théorisent pas le risque.
Ils en font une rampe de lancement.

Chaque événement est une opportunité.
Chaque imprévu, un défi.
Et chaque silence… une scène prête à être habitée.

Ils ne cherchent pas à comprendre le futur —
Ils le provoquent.

Traits de personnalité clés

- **Extraverti (E)** : Recharge dans l'action directe et les interactions sans filtre
- **Sensation (S)** : Capte les détails tangibles et réagit en temps réel

- **Pensée (T)** : Analyse, évalue et décide avec efficacité
- **Perception (P)** : Garde les portes ouvertes, explore sans se figer

Fonctions cognitives : la mécanique tactique

- **Se (Sensation extravertie) — Dominante**
  Hyper-réactivité sensorielle. Les ESTP sont présents, ancrés, et prêts à saisir chaque variable comme levier.
- **Ti (Pensée introvertie) — Auxiliaire**
  Logique silencieuse. Derrière leur spontanéité, il y a une grille mentale fine et rapide.
- **Fe (Sentiment extraverti) — Tertiaire**
  Charme relationnel. Elle leur permet d'attirer, d'influencer, de lire les ambiances comme des cartes d'orientation.
- **Ni (Intuition introvertie) — Inférieure**
  Vision en éclairs. Quand elle est développée, elle ralentit leur élan juste assez pour anticiper avant d'agir.

Se–Ti est leur moteur de réaction brillante.
Fe–Ni leur donne équilibre humain et finesse stratégique.

Forces naturelles

- **Décision en tension** : Plus il y a de pression, plus leur sang est froid
- **Charisme immédiat** : Leurs gestes parlent avant leurs mots
- **Résolution physique** : Ils comprennent le monde en le touchant, en le réparant
- **Prise de risque éclairée** : Ils plongent — mais rarement sans calcul
- **Agilité verbale et sociale** : Ils improvisent avec naturel et captent l'attention sans effort

Défis fréquents

- **Impulsivité fonctionnelle** : Ils agissent — parfois avant même de vouloir
- **Vision à court terme** : Ce qui dépasse l'instant peut leur sembler flou
- **Angle mort émotionnel** : Ce qui ne se montre pas peut être négligé
- **Fuite du cadre** : Les règles fixes leur semblent oppressantes
- **Rapport à l'autorité** : Ils respectent ce qui est crédible — pas ce qui s'impose

Croissance & équilibre

- **Cultiver Ni** : Faire entrer un peu de stratégie dans leur instinct
- **Approfondir Fe** : Écouter les émotions sans vouloir tout réparer
- **Apprendre à ralentir** : L'immobilité n'est pas une faiblesse — c'est un axe de puissance
- **Maitriser leur spontanéité** : L'action devient alors vision

Relations & connexions

Les ESTP aiment **avec intensité.**
Ils ne construisent pas l'amour en discours —
Ils le bâtissent en expériences partagées, en défis communs, en gestes quotidiens.

Leur affection est physique, concrète, directe.
Ils veulent rire, bouger, bâtir.
Et ils cherchent un cœur qui ne les retiendra pas — mais qui **marchera à côté.**

Affinités fréquentes :

- **ISFP** : liberté partagée et résonance sensorielle
- **ENFP** : vivacité conjointe et curiosité infinie
- **ISTJ** : stabilité en miroir et structure complémentaire

Environnements professionnels idéaux

Ils brillent là où il y a :

- Urgence
- Résultat
- Réaction

Domaines propices :

- Interventions tactiques ou forces de l'ordre
- Vente, négociation ou marketing direct
- Sport ou coaching physique
- Artisanat ou métiers manuels techniques
- Entrepreneuriat, événementiel, ou mission freelance

Ils ne veulent pas la théorie.
Ils veulent **l'impact visible.**

Réflexion finale

Les ESTP ne traversent pas la vie —
Ils la déclenchent.

Leur présence électrise les espaces.
Leur courage bouge les lignes.
Et quand leur instinct s'allie à la conscience,
ce ne sont pas des gestes qu'ils font —
c'est le monde qu'ils réorganisent.

Chapitre 16

ESFP – Le performeur

Code MBTI : Extraverti, Sensation, Sentiment, Perception
Expressif. Enjoué. Chaleureux.
Une étincelle magnétique qui transforme l'instant en fête — et chaque présence en célébration.

La vie de l'instant

Les ESFP ne vivent pas seulement dans le présent.
Ils le magnifient.

Surnommés *Le Performeur* ou *L'Animateur*, ce sont les cœurs battants des instants partagés.
Ceux qui voient dans une pièce vide un potentiel de fête, dans une journée grise une opportunité de rire.

Ils ne demandent pas : "Et demain ?"
Ils demandent :

- Qu'est-ce qui fait du bien maintenant ?
- Qui mérite un sourire sincère ?
- Comment transformer ce moment en souvenir lumineux ?

Leur joie n'est pas naïve —
elle est stratégique, généreuse, et contagieuse.

Traits de personnalité clés

- **Extraverti (E)** : Se nourrit de connexions humaines et de dynamisme social

- **Sensation (S)** : Oriente sa conscience vers ce qui est visible, palpable, immédiat
- **Sentiment (F)** : Décide avec chaleur, empathie et souci du bien-être collectif
- **Perception (P)** : Garde la spontanéité vivante, ouverte aux surprises et aux détours

Fonctions cognitives : la charpente expressive

- **Se (Sensation extravertie) — Dominante**
  Moteur sensoriel. Donne aux ESFP leur présence physique, leur goût pour la beauté, leur capacité à sentir ce qui vibre autour d'eux.
- **Fi (Sentiment introverti) — Auxiliaire**
  Valeurs profondes, discrètes mais solides. Derrière leur rayonnement, il y a une boussole personnelle qui les guide dans ce qui est juste pour eux.
- **Te (Pensée extravertie) — Tertiaire**
  Action concrète. Elle les aide à structurer ce qu'ils créent, à prendre des initiatives et à guider le groupe quand il le faut.
- **Ni (Intuition introvertie) — Inférieure**
  Vision stratégique en devenir. Elle leur donne des éclairs de profondeur, une capacité à lire les tendances futures — surtout quand ils ralentissent pour écouter.

Se–Fi est leur moteur de joie incarnée.
Te–Ni leur ouvre la voie vers la maturité et la cohérence longue durée.

Forces naturelles

- **Charisme spontané** : Ils illuminent sans artifices
- **Empathie vivante** : Ils sentent ce que les autres vivent — et y répondent avec tendresse
- **Sens esthétique aigu** : Style, ambiance, émotions — tout peut devenir une œuvre

- **Adaptabilité joyeuse** : Le changement est une aventure, pas une menace
- **Présence amplificatrice** : Avec eux, les instants prennent plus de couleur

Défis fréquents

- **Impulsivité affective** : Leur envie d'agir peut devancer leur réflexion
- **Fuite du conflit** : Ils évitent les tensions pour préserver la paix émotionnelle
- **Routine comme enfermement** : Les cadres trop stricts peuvent les ternir
- **Planification fragile** : Le long terme semble lointain face à la beauté du moment
- **Sensibilité à la critique** : Leur cœur grand ouvert peut être vulnérable aux jugements

Croissance & équilibre

- **Développer Ni** : Penser plus loin — sans perdre la magie du présent
- **Renforcer Te** : Organiser leur élan pour qu'il laisse une empreinte durable
- **Pratiquer le silence** : Calmer le rythme pour mieux écouter leur monde intérieur
- **Poser des limites** : Se choisir d'abord — pour mieux offrir ensuite

Relations & compatibilités

Les ESFP aiment **en couleurs.**
Leur tendresse est tactile, leur affection rayonnante, leur loyauté vivante. Ils veulent un amour qui joue, qui partage, qui célèbre — mais aussi qui les soutient.

Types souvent compatibles :

- **ISFJ** : tendresse calme et profondeur constante
- **ENFP** : feu partagé, enthousiasme parallèle
- **ISTJ** : stabilité structurée en miroir de leur vitalité

Ce qu'ils demandent ?
D'être vus. D'être libres. D'être aimés avec sincérité.

Environnements professionnels idéaux

Ils brillent là où il y a :

- Création
- Interaction
- Mouvement

Domaines propices :

- Arts vivants ou divertissement
- Événementiel ou hôtellerie
- Coaching, conseil ou soins physiques
- Mode, beauté, décoration
- Marketing, vente ou relations humaines

Ils ne veulent pas rester assis.
Ils veulent **bouger, embellir, inspirer.**

Réflexion finale

Les ESFP ne traversent pas la vie en silence.
Ils dansent avec elle.

Ils ne racontent pas la joie —
ils la génèrent.

Et quand on les laisse créer, rayonner, aimer —
ils ne se contentent pas d'animer la pièce…
ils rappellent à tous ce que signifie vivre pleinement.

CONCLUSION

Une connaissance qui nous relie.

Tu viens de traverser 16 paysages intérieurs.
Des tempéraments qui écoutent, des esprits qui questionnent, des cœurs qui construisent.
Chaque type est un monde,
et tu les as explorés non pas pour les classer,
mais pour les comprendre.

Ce livre ne t'a pas offert des réponses —
il t'a donné des **reflets**.
Un miroir de nuances, de fonctionnements, de résonances.

Et dans ce miroir, peut-être as-tu vu un fragment de toi.
Un morceau de quelqu'un que tu aimes.
Ou un espace que tu n'avais jamais nommé.

Car le MBTI, lorsqu'il est vécu avec humanité,
n'est pas une grille.
C'est une passerelle.
Vers plus de douceur dans les relations.
Plus de tolérance dans les différences.
Plus de clarté dans les chemins que nous empruntons.

Ta personnalité n'est pas un résumé.
Elle est un **processus vivant**.
Elle évolue, s'affine, s'élargit au fil des jours et des liens que tu crées.

Alors en quittant ces pages,
ne retiens pas seulement ton type —
garde l'intention.
L'intention de te connaître sans te juger,

d'aimer sans vouloir corriger,
et de grandir sans vouloir tout maîtriser.

Plus tu comprends,
plus tu crées l'espace pour accueillir.
En toi.
En l'autre.
En ce monde.

Ce n'est pas la fin d'un livre.
C'est le début d'une conscience.

ANNEXE A :

Matrice des Types MBTI par tempérament

Analystes (NT)

Type MBTI	Nom du Type	Surnom
INTJ	Introverti Intuitif Pensée Jugement	Le Stratège / L'Architecte
INTP	Introverti Intuitif Pensée Perception	Le Penseur / Le Logicien
ENTJ	Extraverti Intuitif Pensée Jugement	Le Commandant / Le Leader
ENTP	Extraverti Intuitif Pensée Perception	Le Débatteur / L'Innovateur

Diplomates (NF)

Type MBTI	Nom du Type	Surnom
INFJ	Introverti Intuitif Sentiment Jugement	Le Conseiller / L'Avocat
INFP	Introverti Intuitif Sentiment Perception	Le Guérisseur / L'Idéaliste
ENFJ	Extraverti Intuitif Sentiment Jugement	Le Protagoniste / Le Mentor
ENFP	Extraverti Intuitif Sentiment Perception	L'Inspirateur / Le Champion

Sentinelles (SJ)

Type MBTI	Nom du Type	Surnom
ISTJ	Introverti Sensation Pensée Jugement	Le Logisticien / L'Inspecteur
ISFJ	Introverti Sensation Sentiment Jugement	Le Défenseur / Le Protecteur
ESTJ	Extraverti Sensation Pensée Jugement	Le Directeur / L'Exécutif
ESFJ	Extraverti Sensation Sentiment Jugement	Le Consul / Le Coordinateur

Explorateurs (SP)

Type MBTI	Nom du Type	Surnom
ISTP	Introverti Sensation Pensée Perception	Le Virtuose / L'Artisan
ISFP	Introverti Sensation Sentiment Perception	L'Aventurier / L'Artiste
ESTP	Extraverti Sensation Pensée Perception	L'Entrepreneur / Le Dynamo
ESFP	Extraverti Sensation Sentiment Perception	L'Animateur / Le Performeur

ANNEXE B :
Matrice des Types – Dimensions Complètes

Sentinelles (SJ)

Type	Éner gie	Style d'info	Décision	Style de vie	Fonctions cognitives	Déclencheurs de stress
ISTJ	Intro verti	Sensation	Pensée	Structu ré	Si – Te – Fi – Ne	Désorganisation, imprécision
ISFJ	Intro verti	Sensation	Senti ment	Structu ré	Si – Fe – Ti – Ne	Se sentir non apprécié, surcharge émotionnelle
ESTJ	Extra verti	Sensation	Pensée	Structu ré	Te – Si – Ne – Fi	Perte de contrôle, inefficacité
ESFJ	Extra verti	Sensation	Senti ment	Structu ré	Fe – Si – Ne – Ti	Dysharmonie, rejet social

Diplomates (NF)

Type	Éner gie	Style d'info	Décision	Style de vie	Fonctions cognitives	Déclencheurs de stress
INFJ	Introv erti	Intui tion	Sentiment	Structu ré	Ni – Fe – Ti – Se	Inauthenticité, superficialité
INFP	Introv erti	Intui tion	Sentiment	Souple	Fi – Ne – Si – Te	Conflit, déconnexion émotionnelle
ENFJ	Extra verti	Intui tion	Sentiment	Structu ré	Fe – Ni – Se – Ti	Déconnexion émotionnelle, manque de reconnaissance

ENFP	Extraverti	Intuition	Sentiment	Souple	Ne – Fi – Te – Si	Se sentir piégé, manque de liberté

Analystes (NT)

Type	Éner gie	Style d'inf o	Décision	Style de vie	Fonction s cognitive s	Déclencheurs de stress
INTJ	Intro verti	Intui tion	Pensée	Structuré	Ni – Te – Fi – Se	Inefficacité, imprévisibilité
INTP	Intro verti	Intui tion	Pensée	Souple	Ti – Ne – Si – Fe	Structure rigide, surcharge sociale
ENTJ	Extra verti	Intui tion	Pensée	Structuré	Te – Ni – Se – Fi	Inefficacité, passivité, lenteur
ENTP	Extra verti	Intui tion	Pensée	Souple	Ne – Ti – Fe – Si	Répétition, rigidité, manque de stimulation

Explorateurs (SP)

Type	Éner gie	Style d'info	Décision	Style de vie	Fonction s cognitive s	Déclencheurs de stress
ISTP	Intro verti	Sensation	Pensée	Souple	Ti – Se – Ni – Fe	Micromanagement , contraintes rigides
ISFP	Intro verti	Sensation	Sentiment	Souple	Fi – Se – Ni – Te	Critique sévère, manque de liberté
EST P	Extra verti	Sensation	Pensée	Souple	Se – Ti – Fe – Ni	Ennui, routine, lenteur
ESF P	Extra verti	Sensation	Sentiment	Souple	Se – Fi – Te – Ni	Se sentir ignoré, manque de reconnaissance

Definitions Des Dimensions Mbti

• **Type** : Code MBTI composé de 4 lettres

• **Surnom** : Appellation symbolique ou archétypale du type.

• **Rôle** : Désigne le tempérament dominant du type,

• **Énergie** : Source principale d'énergie psychique :

• **Style d'info** : Préférence dans la manière dont l'individu traite l'information

• **Décision** : Base sur laquelle la personne prend ses décisions

• **Style de vie** : Façon d'organiser son quotidien.

• **Fonctions cognitives** : Modes mentaux d'action et de perception.

• **Déclencheurs de stress** : Situations qui déséquilibrent le type.

Légende des Fonctions Cognitives

- **Se** : Sensation extravertie
- **Si** : Sensation introvertie
- **Ne** : Intuition extravertie
- **Ni** : Intuition introvertie
- **Te** : Pensée extravertie
- **Ti** : Pensée introvertie
- **Fe** : Sentiment extraverti
- **Fi** : Sentiment introverti

ANNEXE C

Comprendre Les Fonctions Cognitives MBTI

Les fonctions cognitives décrivent **comment chaque type de personnalité pense, ressent et interagit** avec le monde. Chaque type possède une combinaison de **8 fonctions mentales**, en ordre spécifique.

Les 8 Fonctions Cognitives

Code	Fonction	Description courte
Si	Sensation introvertie	Mémoire, stabilité, référence aux expériences passées
Se	Sensation extravertie	Réactivité au présent, observation concrète
Ni	Intuition introvertie	Vision intérieure, sens caché, anticipation
Ne	Intuition extravertie	Exploration d'idées, imagination
Ti	Pensée introvertie	Analyse interne, cohérence personnelle
Te	Pensée extravertie	Organisation, logique externe, efficacité
Fi	Sentiment introverti	Fidélité aux valeurs personnelles, authenticité
Fe	Sentiment extraverti	Harmonie sociale, expression d'empathie

Décomposition des Fonctions Cognitives MBTI

1. Première lettre → Le processus mental

Lettre	Fonction	Signification
S	Sensation	Orientation vers les faits et données concrètes
N	Intuition	Recherche de significations et de possibilités
T	Pensée	Raisonnement logique et structuration
F	Sentiment	Jugement selon les valeurs et l'empathie

2. Deuxième lettre → La direction du processus

Lettre	Orientation	Signification
i	Introvertie	Tournée vers le monde intérieur : réflexion personnelle
e	Extravertie	Tournée vers le monde extérieur : action et expression

LES 8 FONCTIONS COGNITIVES MBTI — PORTRAITS SYMBOLIQUES

Si – Sensation Introvertie
Je suis la mémoire silencieuse. Je conserve les détails du passé, les routines familières, les repères stables. Je me fie à ce qui a été vécu — ce qui a fonctionné, ce qui apaise. Tu me sens dans les traditions qui rassurent.

Se – Sensation Extravertie
Je suis les yeux grands ouverts sur le monde. Chaque son, chaque couleur, chaque mouvement m'inspire. Je réagis à l'instant, je danse avec le présent, avide de vivre ce qui est réel et tangible.

Ni – Intuition Introvertie
Je suis la vision intérieure. Je perçois ce que les autres ne voient pas encore. Je trace des lignes invisibles entre les événements, j'anticipe le sens caché. Je murmure des vérités futures.

Ne – Intuition Extravertie
Je suis le feu des idées. Là où il y a une pensée, j'en vois dix autres derrière. Je joue avec les possibilités, je crée des connexions inattendues. Tu me retrouves dans les brainstormings exaltés.

Ti – Pensée Introvertie
Je suis le mécanicien du mental. Je démonte les idées, je cherche l'exactitude, je questionne la logique. Rien ne m'apaise plus que la cohérence interne. Je préfère comprendre plutôt que suivre.

Te – Pensée Extravertie
Je suis l'architecte de l'action. J'organise, j'optimise, je structure pour que les choses fonctionnent. Efficacité est mon credo. Je m'impose dans les plans concrets et les résultats mesurables.

Fi – Sentiment Introverti
Je suis la voix du cœur intime. Mes choix sont dictés par des valeurs

profondes, parfois invisibles mais toujours sincères. Je reste fidèle à moi-même, même dans le tumulte. L'authenticité me guide.

Fe – Sentiment Extraverti

Je suis la gardienne de l'harmonie. Je ressens ce que les autres ressentent. Je régule les émotions, j'adapte les mots pour que l'ambiance respire. Mon don est de relier les gens avec empathie.

UN MOT DE GRATITUDE

Merci d'avoir choisi de consacrer ton temps à ce livre.
Dans un monde où tout s'accélère, ta décision de ralentir et de t'immerger pleinement dans ces pages est à la fois précieuse et profondément touchante.

J'espère que les réflexions partagées tout au long de ces chapitres t'ont apporté plus que de simples informations.
Qu'elles aient éveillé en toi une forme de clarté — une meilleure compréhension de qui tu es, de ta manière de te connecter aux autres, et de ce qui compte vraiment pour toi.

Peut-être t'es-tu reconnu(e) dans ces lignes.
Peut-être as-tu vu un être cher avec plus de justesse.
Ou peut-être t'es-tu simplement offert le droit de t'interroger, de rêver, de grandir.

Quelle que soit la raison qui t'a mené(e) ici — curiosité, quête de soi ou désir de mieux comprendre les autres — je suis honoré(e) d'avoir marché un instant à tes côtés.

Ton attention bienveillante donne à ce travail toute sa valeur.
Sans toi, ces mots resteraient figés.
Avec toi, ils prennent vie.

Pour cela, je te remercie humblement — en espérant que ce livre ait contribué à une part de ta réflexion et de ton évolution personnelle

www.ingramcontent.com/pod-product-compliance
Ingram Content Group UK Ltd.
Pitfield, Milton Keynes, MK11 3LW, UK
UKHW041317190726
13845UKWH00025B/341